LICITAÇÕES PÚBLICAS ANTIDISCRIMINATÓRIAS
As ações afirmativas na Lei nº 14.133/2021

GISELLA LEITÃO

Prefácio
Christianne de Carvalho Stroppa

Apresentação
Jander Leal dos Santos

LICITAÇÕES PÚBLICAS ANTIDISCRIMINATÓRIAS
As ações afirmativas na Lei nº 14.133/2021

Belo Horizonte

2024

© 2024 Editora Fórum Ltda.

É proibida a reprodução total ou parcial desta obra, por qualquer meio eletrônico, inclusive por processos xerográficos, sem autorização expressa do Editor.

Conselho Editorial

Adilson Abreu Dallari
Alécia Paolucci Nogueira Bicalho
Alexandre Coutinho Pagliarini
André Ramos Tavares
Carlos Ayres Britto
Carlos Mário da Silva Velloso
Cármen Lúcia Antunes Rocha
Cesar Augusto Guimarães Pereira
Clovis Beznos
Cristiana Fortini
Dinorá Adelaide Musetti Grotti
Diogo de Figueiredo Moreira Neto (*in memoriam*)
Egon Bockmann Moreira
Emerson Gabardo
Fabrício Motta
Fernando Rossi
Flávio Henrique Unes Pereira

Floriano de Azevedo Marques Neto
Gustavo Justino de Oliveira
Inês Virgínia Prado Soares
Jorge Ulisses Jacoby Fernandes
Juarez Freitas
Luciano Ferraz
Lúcio Delfino
Marcia Carla Pereira Ribeiro
Márcio Cammarosano
Marcos Ehrhardt Jr.
Maria Sylvia Zanella Di Pietro
Ney José de Freitas
Oswaldo Othon de Pontes Saraiva Filho
Paulo Modesto
Romeu Felipe Bacellar Filho
Sérgio Guerra
Walber de Moura Agra

FÓRUM
CONHECIMENTO JURÍDICO

Luís Cláudio Rodrigues Ferreira
Presidente e Editor

Coordenação editorial: Leonardo Eustáquio Siqueira Araújo / Aline Sobreira de Oliveira
Revisão: Patrícia Falcão
Capa e projeto gráfico: Walter Santos
Diagramação: Formato Editoração

Rua Paulo Ribeiro Bastos, 211 – Jardim Atlântico – CEP 31710-430
Belo Horizonte – Minas Gerais – Tel.: (31) 99412.0131
www.editoraforum.com.br – editoraforum@editoraforum.com.br

Técnica. Empenho. Zelo. Esses foram alguns dos cuidados aplicados na edição desta obra. No entanto, podem ocorrer erros de impressão, digitação ou mesmo restar alguma dúvida conceitual. Caso se constate algo assim, solicitamos a gentileza de nos comunicar através do *e-mail* editorial@editoraforum.com.br para que possamos esclarecer, no que couber. A sua contribuição é muito importante para mantermos a excelência editorial. A Editora Fórum agradece a sua contribuição.

Dados Internacionais de Catalogação na Publicação (CIP) de acordo com ISBD

L533l	Leitão, Gisella Licitações públicas antidiscriminatórias: as ações afirmativas na Lei nº 14.133/2021 / Gisella Leitão. Belo Horizonte: Fórum, 2024. 120p. 14,5x21,5cm ISBN impresso 978-65-5518-720-5 ISBN digital 978-65-5518-688-8 1. Licitações públicas. 2. Vítimas de violência doméstica. 3. Ações afirmativas. I. Título. CDD: 342 CDU: 342

Ficha catalográfica elaborada por Lissandra Ruas Lima – CRB/6 – 2851

Informação bibliográfica deste livro, conforme a NBR 6023:2018 da Associação Brasileira de Normas Técnicas (ABNT):

LEITÃO, Gisella. *Licitações públicas antidiscriminatórias: as ações afirmativas na Lei nº 14.133/2021*. Belo Horizonte: Fórum, 2024. 120p. ISBN 978-65-5518-720-5.

Ao meu esposo Francisco, companheiro de todas as horas; à minha amada filha Laura, aos meus pais Afonso e Marília, à minha irmã Isabella, à minha família e aos meus sinceros amigos com que a vida me presenteou.

AGRADECIMENTOS

Ao Senhor Deus, por ter me permitido chegar até aqui após dias escuros vividos durante a pandemia.

À minha querida avó Maria, que sempre me incentivou nos estudos, cuja partida repentina, às vésperas do meu aniversário, deixou um buraco de saudades no meu peito.

Aos meus queridos pais e à minha irmã pelo amor, compreensão, carinho e apoio, essencial para que eu continuasse firme na conclusão dessa missão.

Ao meu querido esposo Francisco Horta Filho, que, além de colega de turma do mestrado, é o meu companheiro de todos os momentos. É o meu "amor perfeito".

À minha amada filha Laura, razão do meu viver, cujo amor não tenho capacidade de expressar em palavras, e só tenho a agradecer pela paciência e me desculpar pelas horas que "mamãe não pode brincar agora". Te amo.

Aos meus queridos amigos, físicos e virtuais, principalmente aos amigos da Fundação Estatal de Saúde de Niterói, da qual tenho muito orgulho em fazer parte.

Aos meus queridos professores, pela lição de que o conhecimento valioso é aquele que se compartilha, e aos meus alunos, com quem tanto aprendo, pela troca de experiências que proporcionam a minha evolução constante no magistério.

À dedicadíssima Kátia Cenci, pelas horas de dedicação e valiosas sugestões na revisão do presente trabalho.

"Lutar pela igualdade sempre que as diferenças nos discriminem. Lutar pela diferença sempre a igualdade nos descaracterize."

Boaventura de Souza Santos

SUMÁRIO

PREFÁCIO
Christianne de Carvalho Stroppa.. 13

APRESENTAÇÃO
Jander Leal dos Santos.. 17

INTRODUÇÃO.. 19

CAPÍTULO 1
O FENÔMENO DA CONSTITUCIONALIZAÇÃO DO
DIREITO ADMINISTRATIVO E OS PRIMEIROS SINAIS DE
SUSTENTABILIDADE NAS CONTRATAÇÕES PÚBLICAS................... 25

1.1   Considerações sobre a evolução do Estado: do paradigma liberal ao regulador 26
1.2   Breve histórico das licitações públicas... 33
1.3   Conceito de licitações públicas... 37
1.4   A função social das contratações públicas..................................... 40
1.5   Marcos legais e panorama das ações afirmativas nas contratações públicas no Brasil.. 44
1.6   A inclusão das ações afirmativas nas Leis Gerais de Licitações. 51

CAPÍTULO 2
DO DESENVOLVIMENTO NACIONAL SUSTENTÁVEL...................... 59

2.1   Noções gerais sobre sustentabilidade.. 59
2.2   As dimensões da sustentabilidade.. 65
2.3   O desenvolvimento nacional sustentável nas contratações públicas brasileiras... 69
2.4   A dimensão social da sustentabilidade no Direito Comparado. 74
2.5   A Agenda 2030.. 77

CAPÍTULO 3
A IMPLEMENTAÇÃO DE UMA POLÍTICA PÚBLICA DE SUSTENTABILIDADE SOCIAL NAS CONTRATAÇÕES PÚBLICAS DO BRASIL 81

3.1	A recente legislação brasileira fomentadora da sustentabilidade social nas contratações públicas	81
3.2	Os grupos vulneráveis escolhidos pela Lei nº 14.133/2021	85
3.2.1	Artigo 25, parágrafo 9º da Lei nº 14.133/2021: rol taxativo?	85
3.2.2	O racismo como a principal fonte de desigualdade na formação da sociedade brasileira	90
3.3	O papel do fiscal de contrato no controle de efetividade da política pública e da sociedade brasileira	95
3.3.1	A atuação do fiscal de contrato e sua responsabilidade	96
3.3.2	A importância do PNCP na fiscalização dos contratos pela sociedade	98
3.4	Os editais do Senado Federal: um caso de sucesso	100
3.5	Aparentes entraves às ações afirmativas no processo licitatório	104

CONSIDERAÇÕES FINAIS 109

REFERÊNCIAS 113

PREFÁCIO

Com o advento da ordem constitucional atual, a República Federativa do Brasil firmou um compromisso irrevogável com a dignidade da pessoa humana, elevando-a ao posto de fundamento primordial. Além disso, estabeleceu como um dos objetivos mais nobres a construção de uma sociedade solidária, engajada na erradicação da pobreza e na redução das desigualdades sociais. Nesse contexto, a Constituição Federal de 1988 posicionou-se como o epicentro do ordenamento jurídico, consolidando-se como farol orientador das políticas públicas no país.

À medida que o século avançou, assistimos a uma profunda e substancial constitucionalização do Direito, com reflexos evidentes no âmbito do Direito Administrativo. Os princípios fundamentais e valores consagrados na Carta Magna imprimiram uma nova roupagem aos institutos administrativos, permeando-os com os ideais de dignidade, igualdade e inclusão social. Em um processo de maturação da experiência constitucional, presenciamos uma série de modificações legislativas, cada qual com o propósito de incorporar, em sua essência, a preocupação com a dignidade humana e a promoção da equidade em nossa sociedade.

Dentre os elementos que compõem o arcabouço jurídico-administrativo, a exigência de procedimentos licitatórios para as contratações públicas emerge como uma peça-chave. Essa regra, consubstanciada no art. 37, inciso XXI, da Constituição, encontra sua essência na seleção da proposta mais vantajosa, com base em critérios transparentes e isonômicos. No entanto, a visão puramente econômica não reflete, de maneira integral, a complexidade e a relevância social do instituto em questão.

A Licitação sempre foi vista como uma atividade acessória, pois visava única e exclusivamente atender ao denominado interesse secundário do Estado. Um breve passar d'olhos nas legislações disciplinadoras do instituto reforça esse entendimento.

Com a vigência da Constituição Federal de 1988, no entanto, a natureza jurídica da licitação sofreu profundas alterações, passando a ter uma *função social*.

Glauber Moreno Talavera ensina que "a função social, que significa a prevalência do interesse público sobre o privado, bem como a magnitude do proveito coletivo em detrimento do meramente individual, é fenômeno massivo que, modernamente, inspira todo o nosso ordenamento jurídico, rompendo com o padrão retributivo contido no brocardo *suum cuique tribuere* – 'dar a cada um o seu', e tentando fundar as bases de uma justiça de natureza mais distributiva; nos termos concebidos por Hegel, promove a inclusão social dos excluídos e, nesse mister, diligencia para o cumprimento de um dos objetivos fundamentais da República Federativa do Brasil, erradicar a pobreza e a marginalização e reduzir as desigualdades sociais e regionais".[1]

Na busca da função social, percebe o Estado que, ao se utilizar do instituto da licitação, objetivando uma obra, compra ou serviço, em face do montante despendido, ele se apresenta como fonte geradora de emprego e renda para uma grande parcela da sociedade.

Utilizando-se desse poder de compra, o Estado buscou regular o mercado. Atualmente, isso também é feito através de outros institutos, tais como: a preferência aos bens e serviços nacionais, pela inserção de critérios ambientais, sociais e econômicos nos certames, objetivando o desenvolvimento da sociedade em seu sentido amplo e a preservação de um meio-ambiente equilibrado, denominada "licitação sustentável".

Sobre o assunto, se posiciona Marçal Justen Filho, no sentido de que, como regra, pode-se aludir "a uma função microeconômica dos contratos administrativos, que corresponderia à satisfação imediata e direta das necessidades do aparato estatal. Mas os contratos administrativos apresentam também uma função social (ou 'macroeconômica'). A expressão indica a utilização dos contratos administrativos para a promoção concomitante de fins adicionais à direta e imediata satisfação de necessidades dos entes administrativos.[2] As políticas públicas podem

---

[1] TAVALERA, Glauber Moreno. A função social do contrato no novo Código Civil, *CEJ*, Brasília, DF, n. 19, p. 94-96, out./dez. 2002.

[2] No mesmo sentido, Luciano Ferraz afirma que "o que se percebe é que a partir duma leitura constitucionalizada da licitação, prescrevo-lhe outros papéis fundamentais e importantes numa economia de mercado. Mas para tanto é preciso aceitar mudanças; perceber que a licitação não é fim em si, mas instrumento de alcance e garantia do interesse público, que nem sempre cabe, tal como se imaginou no passado, dentro da rigidez dos Códigos" (FERRAZ, Luciano. Função Regulatória da Licitação, *Revista de Direito Administrativo e Constitucional*, Belo Horizonte, 37/142, jul./set., 2009).

ser promovidas também por meio da configuração adotada para os contratos administrativos".[1]

O marco inicial da regulamentação das contratações públicas, a Lei nº 8.666/1993, não contemplava, em sua formulação original, disposições voltadas para a promoção de grupos especialmente vulneráveis. Foi apenas em 2010, com a edição da Lei nº 12.349, que a preocupação com o desenvolvimento nacional sustentável foi consagrada como princípio mandatório nas contratações públicas, estendendo-se a todas as suas dimensões.

A partir desse ponto, observou-se um movimento ascendente na determinação explícita de percentuais mínimos de mão de obra proveniente do sistema prisional nos editais de licitação. Destaca-se, nesse contexto, a Lei nº 13.500/2017, que inseriu o §5º no artigo 40 da Lei nº 8.666/1993. Com a promulgação da Nova Lei de Licitações – Lei nº 14.133/2021 –, um novo desafio se apresenta: tornar-se um instrumento eficaz na mitigação das disparidades sociais, promovendo a inclusão de grupos minoritários e vulneráveis na cadeia produtiva, em especial as mulheres vítimas de violência e os egressos do sistema penitenciário.

Este livro, com o instigante título *Licitações públicas antidiscriminatórias: as ações afirmativas na Lei nº 14.133/2021*, se propõe a trilhar um percurso analítico do desenvolvimento nacional sustentável no contexto das contratações públicas, à luz do novo marco legal das licitações. Busca-se, assim, demonstrar a importância de implementar políticas públicas nos editais e contratos de licitações, visando à redução das desigualdades sociais e, por conseguinte, à promoção da dignidade da pessoa.

Ao longo das páginas que se seguem, o leitor será conduzido por uma jornada que abrange desde a conceituação das licitações públicas sob a perspectiva social até a evolução do desenvolvimento sustentável no Brasil, com enfoque na dimensão social da sustentabilidade. Além disso, serão exploradas as experiências bem-sucedidas, tanto no âmbito nacional quanto internacional, que convergem com os objetivos delineados pela Nova Lei Geral de Licitações.

Destaca-se, por fim, a importância crucial do papel desempenhado pelos fiscais de contrato e pela sociedade civil organizada, como consequência da ferramenta Portal Nacional de Contratações

---

[1] JUSTEN FILHO, Marçal. *Comentários à lei de licitações e contratos administrativos*. 2. ed. São Paulo: Revista dos Tribunais, 2016. (livro eletrônico)

Públicas (PNCP), na efetivação e no controle da política pública de sustentabilidade social nas contratações públicas brasileiras.

Espera-se que este livro ofereça contribuições substanciais para o entendimento e a aplicação prática de políticas afirmativas nas contratações públicas, e que, assim, possamos trilhar um caminho rumo a uma sociedade mais justa, inclusiva e verdadeiramente solidária.

Christianne de Carvalho Stroppa
Professora Doutora e Mestre pela PUC-SP. Ex-Assessora de Gabinete no Tribunal de Contas do Município de São Paulo. Advogada especialista em Licitações e Contratos Administrativos. Membro associado do Instituto Brasileiro de Direito Administrativo – IBDA, do Instituto de Direito Administrativo Paulista – IDAP, do Instituto dos Advogados de São Paulo – IASP e do Instituto Nacional de Contratação Pública – INCP. Autora de diversos artigos e palestrante na área da contratação pública.

APRESENTAÇÃO

Foi durante o MBA em Licitações e Contratos, quando ministrava aulas sobre sustentabilidade nas contratações públicas, que conheci e logo identifiquei o potencial da autora desta obra. Sabia que ali existia um grande interesse na matéria, uma vez que sempre se destacava dentre seus pares nos debates e trabalhos propostos. Vi também que ali nascia para mim uma aliada na militância pela sustentabilidade nas compras públicas. Ela aprendeu tão bem a lição que trilhou o caminho da especialização se inclinando para um tema pouco usual na literatura acadêmica – qual seja, a responsabilidade socioambiental que a Administração Pública tem no momento em que contrata seus bens e serviços.

A obra se apresenta como uma importante contribuição para uma área não muito explorada e talvez um tanto renegada à pura teoria. O contrário fez nossa querida autora passar pelo tema com cuidado e concatenação, onde, a partir dos primeiros sinais da vontade constitucional até a discussão pontual sobre a implementação do desenvolvimento nacional sustentável, dedicou boas linhas de maneira pragmática e atual.

Como um estudioso da matéria desde 2009, recomendo o presente trabalho numa oportunidade de repensar o contrato público como promotor de políticas públicas relevantes, tais como o olhar para os grupos minoritários da sociedade, que muito podem se beneficiar dos impactos positivos que só um grande indutor poderia proporcionar.

Apresento cheio de orgulho a vocês, leitores, o bom fruto colhido daquela semente plantada e regada com muito suor e trabalho ao longo dos últimos anos, qual seja, a obra *Licitações públicas antidiscriminatórias: as ações afirmativas da Lei nº 14.133/2021*. Sirvam-se!

Jander Leal dos Santos
Economista, Bacharel em Direito. Pós-Graduado em Direito Ambiental e Gestão Pública. Servidor Público Federal Aposentado. Mestre e Doutor em Planejamento Estratégico e Análise Ambiental. Atuou como Coordenador MBA Licitações e Contratos. Atuou por 32 anos na área de licitações e contratos. Pregoeiro desde 2000. Professor de

Direito Administrativo e Ambiental. Autor de obras como: *Desmistificando a pesquisa de preços, Reflexos e reflexões da nova lei de licitações e contratos, Papo de contrato,* todas da Editora Negócios Públicos. Palestrante e autor de vários artigos na área de contratações públicas.

INTRODUÇÃO

Com o surgimento da ordem constitucional atual, a República Federativa do Brasil incorporou, como um dos seus fundamentos, a dignidade da pessoa humana – artigo 1º, inciso III, da Constituição de 1988 – e, como uma espécie de corolário lógico, estabeleceu, como um dos seus objetivos, a construção de uma sociedade solidária e apta a erradicar a pobreza e reduzir as desigualdades sociais (artigo 3º, incisos I e II).

Tratando-se a Constituição como o centro do ordenamento jurídico, o que se dá principalmente com o movimento de constitucionalização do Direito do quarto final do século XX, todos os institutos do Direito Administrativo foram por ela impregnados.

Com o passar dos anos e com o amadurecimento da experiência constitucional da Carta vigente, o que se viu – e ainda se vê – é uma série de alterações legislativas que visam inserir, em cada instituto, o viés da dignidade da pessoa e da equalização entre os desiguais em nossa sociedade.

A exigência, como regra, de um procedimento licitatório para as contratações públicas tem sede material no artigo 37, inciso XXI, do texto constitucional. É intuitivo, ao se pensar sobre o tema, que o instituto possua, como preocupação exclusiva, a contratação por parte do poder público daquela proposta que seja a mais vantajosa sob o ponto de vista econômico, a partir de critérios isonômicos e objetivos. Todavia, essa visão não condiz com a realidade das licitações públicas, que assumem importante função social principalmente após o advento da Lei nº 14.133, de 1º de abril de 2021.

O marco legal das contratações públicas após a proclamação da Magna Carta, a Lei nº 8.666/1993, não trazia em sua redação originária qualquer disposição acerca da necessidade de que a Administração Pública observasse, para definir a proposta vencedora de certame, um parâmetro relacionado à promoção de grupos especialmente vulneráveis. Somente em 2010, com a edição da Lei nº 12.349, que alterou o artigo 3º da Lei nº 8.666/1993, é que o desenvolvimento nacional sustentável é alçado a princípio de observância obrigatória nas contratações públicas, trazendo em seu bojo a preocupação em concretizar a sustentabilidade em todas as suas dimensões.

Após esse período, iniciou-se um movimento com vistas a determinar, de forma expressa, que os editais de licitação devessem prever percentual mínimo de mão de obra oriundo ou egresso do sistema prisional a ser observado pelas empresas interessadas em participar dos certames licitatórios, e aqui ganha destaque a Lei nº 13.500/2017, que incluiu o parágrafo 5º no artigo 40 da Lei nº 8.666/1993.

Após essa evolução, surgiu a Nova Lei de Licitações, que carrega em seu âmago o desafio de se consubstanciar como um instrumento para a mitigação do desequilíbrio social, buscando a inclusão de grupos minoritários especialmente vulneráveis a partir do fortalecimento de ações destinadas a inseri-los em algum estágio da cadeia produtiva, como é o caso, principalmente, das mulheres vítimas de violência em âmbito doméstico e familiar e dos egressos do sistema penitenciário.

Diante desse cenário, pretende-se, com esta obra, propor uma análise crítica do percurso do desenvolvimento nacional sustentável nas contratações públicas, a partir do seu novo marco legal, a Lei nº 14.133, com vistas a demonstrar a importância de se implementar uma política pública nos editais e contratos de licitações que viabilize, consequentemente, a redução de desigualdades sociais, assumindo dessa maneira uma natureza vinculada à ideia de dignidade da pessoa.

A questão principal gira em torno de verificar-se de que maneira o objetivo traçado pela Nova Lei, ou seja, proteger os grupos vulneráveis por meio das contratações públicas, será efetivado.

Para alcançar a resposta perseguida, servem de apoio as seguintes condições:

- O uso do poder de compra do Estado é um instrumento para estimular os particulares, que com ele querem contratar, a cumprirem a determinação do artigo 170 da Constituição de 1988 (busca do pleno emprego e a valorização do trabalho humano), e, com isso, atuar na redução dos obstáculos para

o acesso ao trabalho entre as pessoas pertencentes a grupos em especial situação de vulnerabilidade.
- No plano nacional e/ou internacional é possível encontrar experiências exitosas no mesmo sentido do que pretende a Nova Lei de Licitações e Contratos.
- É possível encontrar, no Brasil, medidas que atuam no enfrentamento da questão, antes mesmo do advento do novel diploma legal.
- O controle quanto à efetividade dessas medidas será realizado pelo Poder Público, especialmente por meio da atuação dos fiscais de contrato, bem como pela própria sociedade brasileira, por meio do Portal Nacional de Contratações Públicas (PNCP).

A princípio, é necessária a abordagem do fenômeno da constitucionalização do Direito Administrativo, para que se conceitue o instituto das licitações públicas sob o enfoque social, como sendo um procedimento destinado a buscar a satisfação de um interesse público de forma menos custosa, até a visão contemporânea que o conduz como instrumento de políticas públicas destinadas à concretização de objetivos constitucionais, extirpando o antigo conceito tradicionalmente conhecido.

Outro assunto imprescindível para alinhar esta proposta cuida da função social das contratações públicas, bem como da inclusão das ações afirmativas a partir do novo marco legal, o que se revela instigante tema e aponta para determinadas questões que merecem análise.

As noções gerais sobre as licitações públicas e a evolução do Estado Liberal ao Regulador são abordadas em um breve histórico, necessário para que se situe o leitor, levando-o a perceber o avanço do instituto e a sua importância na sociedade moderna.

Adiante, a função social das contratações públicas é o foco a partir do qual se analisam os marcos legais das ações afirmativas intrincadas aos referidos institutos no Brasil, traçando-se um panorama e propondo-se um debate acerca da sua inclusão nas Leis Gerais de Licitações – Lei nº 14.133/2021 e Lei nº 8.666/1993, tendo em vista a vigência conjunta de ambas até o dia 30/12/2023, data de validade desta última.

No segundo capítulo, tem-se a exposição sobre o desenvolvimento sustentável no Brasil sob o espectro das contratações públicas e do estudo da sustentabilidade, com a apresentação do seu marco regulatório e do conceito de tripé de sustentabilidade, lançando o olhar de forma mais detida para o seu viés social.

Para tanto, é necessário embrenhar-se nas noções gerais do instituto da sustentabilidade, suas dimensões, com ênfase na questão social e no direito comparado, que necessariamente engloba a Agenda 2030, importante documento internacional em que o Brasil foi signatário.

O último capítulo se destina à discussão sobre como deve se estruturar uma política pública de sustentabilidade social nas contratações públicas do Brasil, com destaque ao estudo da legislação brasileira que a estimula. Nesse ponto, destacam-se os grupos vulneráveis escolhidos pela Lei nº 14.133/2021 e a natureza do rol do artigo 25, parágrafo 9º. Consigna-se, ainda, que o racismo contra a população negra é a principal fonte de desequilíbrio de oportunidades na sociedade brasileira, desde os seus primórdios até os tempos atuais, e que a nova lei silenciou acerca desse grupo socialmente vulnerável.

Nesse cenário, surge a reflexão sobre a importância do papel do fiscal no controle e do PNCP da política pública e na fiscalização desses contratos também pela sociedade. Esta última, vale enfatizar, é a que receberá maior destaque, tendo em vista que é a partir dela que se estrutura a ideia de contratação pública como um instrumento de promoção de inclusão de grupos vulneráveis e, por consequência, à sua efetivação.

Para ilustrar o tema, toma-se a experiência bem-sucedida no Senado Federal, que em seus instrumentos convocatórios de licitação já previa a inclusão de ações afirmativas.

Outra questão de relevo abordada diz respeito aos aparentes entraves à realização de ações afirmativas por meio de processo licitatório, cuja fundamentação por parte de quem resiste a essa nova demanda deve ser objeto de questionamento e refutação, dada a realidade social vivenciada por grupos em situação especial de vulnerabilidade no país.

Em meio ao cenário contemporâneo das contratações públicas e com o advento de um novo diploma legal que rege as licitações e contratos administrativos, as ações afirmativas assumem, nesse escopo, posição central para a mitigação do estado de disparidade de forças que prejudicam de sobremaneira esses grupos vulneráveis.

Se, em sua ideia original, as compras públicas estavam relacionadas, quase que exclusivamente, ao atendimento de interesses financeiros, tendo em vista, principalmente, a modicidade dos custos da aquisição dos bens e serviços para o Tesouro, pelo menos, desde 2010, com o advento da Lei nº 12.349, o tema assumiu uma ligação com o desenvolvimento social.

Surge, então, o que se denomina função regulatória da licitação, isto é, o seu emprego para a concretização de resultados socialmente benéficos. Por tal razão, a proposta que se afigura a mais vantajosa para a Administração Pública não será aquela que se apresenta como a menos dispendiosa do ponto de vista financeiro, passando, dessa forma, a considerar outros fatores reputados como relevantes para a ordem jurídica, como a concretização de benefícios sociais, ambientais e econômicos.

Vê-se que é substancial discutir sobre as condições em que se encontram os grupos em situação de vulnerabilidade eleitos pela Nova Lei de Licitações e Contratos Administrativos, para, enfim, compreender-se que ela desencadeou uma imersão das compras públicas no processo de transformação social, a partir da interferência que exerce em favor da inclusão de pessoas historicamente sujeitas a injustas e graves restrições no mercado formal de trabalho.

A principal constatação, afinal, é a de que é imprescindível que se adote uma nova concepção das compras públicas como atividade estatal na aquisição de bens e serviços, pois é inadiável a compreensão de que o processo licitatório deve atuar nas relações com vistas a exercer sua função social, considerando que as licitações também estão atualmente marcadas pelas premissas constitucionais, inclusive a que presume que essa função esteja prevista em toda legislação.

CAPÍTULO 1

O FENÔMENO DA CONSTITUCIONALIZAÇÃO DO DIREITO ADMINISTRATIVO E OS PRIMEIROS SINAIS DE SUSTENTABILIDADE NAS CONTRATAÇÕES PÚBLICAS

A centralização do texto constitucional no ordenamento jurídico, após a Segunda Guerra Mundial, é um fenômeno que se verifica com o reconhecimento de sua força normativa e, principalmente, a partir do regresso do discurso da ética nas questões de justiça.

Na atualidade, a Constituição assume não apenas a posição mais privilegiada na hierarquia das normas, mas também irradia seus efeitos sobre todos os atos do Estado.

A constitucionalização do Direito Administrativo, principalmente das contratações públicas, sobre as quais se assentam institutos jurídicos impregnados pelo valor da dignidade da pessoa humana e, por conseguinte, pela ideia de função social, tornou-se um dos principais mecanismos que viabilizam o atendimento do interesse público.

As licitações, assim, não ficam alheias às mudanças sofridas pela sociedade, o que se pode constatar no decorrer da experiência constitucional brasileira. A compreensão do papel das contratações públicas para o cumprimento da função estatal de buscar o bem social demanda, então, alguma reflexão sobre a evolução e o poder do próprio Estado.

1.1 Considerações sobre a evolução do Estado: do paradigma liberal ao regulador

O Estado utiliza seu poder de compra para interferir na realidade social, e as contratações públicas estão inseridas nesse contexto como instrumento que acompanha as transformações experimentadas pela ciência jurídica, devido à dinâmica da sociedade e, principalmente, estatal.

Antes de tudo, é preciso conceituar tal instituição: o Estado pode ser entendido como uma ordem jurídica soberana cuja finalidade central é atuar no sentido de promover, na maior medida possível, o bem comum do povo que se situa no território em que exerce o seu poder de império, conforme ensina Dallari.[1] Destarte, representa uma organização humana, inserida em um território, estabelecida com base em regras criadas pelos poderes constituídos pelos próprios súditos, com vistas a atender aos objetivos por eles estabelecidos como essenciais para a preservação da coesão da coletividade.

É indiscutível que a finalidade sofreu e sofre reconfigurações constantes, porque os valores mudam e, com isso, alteram-se os propósitos do Estado, do qual aquela se constitui em elemento.

Para a compreensão da evolução do Estado como instituição jurídica é relevante que se abordem, mesmo que brevemente, os traços característicos essenciais dos Estados Liberal, Social e Regulador, este, segundo alguns doutrinadores, como reflexo da conjugação de ambos os anteriores. Vale dizer que não se ignora a existência de um Estado Absolutista. Contudo, diante das suas inconveniências, principalmente da falta de influência no poder por parte dos cidadãos, não há qualquer relação entre ele e as licitações públicas durante o respectivo período histórico.

Portanto, é importante referenciá-lo como uma época das organizações humanas na qual o poder estatal ficava concentrado nas mãos de uma só pessoa, o soberano, que não se submetia a qualquer sistema de controle e, por esse motivo, tinha liberdade ampla para fazer aquilo que bem entendesse, inclusive, sacrificar os direitos dos indivíduos que ficavam literalmente sob seu jugo.

---

[1] DALLARI, Dalmo de Abreu. *Elementos da Teoria Geral do Estado*. 21. ed. São Paulo: Saraiva, 2000. p. 118.

Para enfrentar o absolutismo, surge o Estado Liberal, cujo objetivo era superar essa condição que se consubstanciava em insegurança e aflição para os indivíduos.

A matriz liberal de Estado é observada, principalmente, no período situado entre os séculos XIX e XX. Sua preocupação central era promover, na maior escala possível, a liberdade individual, a partir da separação de poderes, nos moldes desenvolvidos por Locke e Montesquieu, em que as diversas funções estatais, com destaque para a legislativa e a administrativa, são exercidas por esferas distintas, titularizadas por pessoas diversas, a fim de evitar a concentração de poderes, e a ideia de império da lei, segundo a qual o Estado se submete às leis que ele mesmo produz.

Esses dois mecanismos limitavam a possibilidade de atuação do Estado para garantir de forma mais eficiente a liberdade individual e o patrimônio. Desse modo, todos os instrumentos dispostos em um Estado Liberal estão vocacionados para mantê-lo em uma posição de abstenção face aos indivíduos, que deixam a condição de súditos para se qualificarem como cidadãos, de forma que ele não interfira na dinâmica social e potencialize a ampla liberdade.

A correlação entre os paradigmas de um Estado Liberal e o Direito Administrativo permite observar que, naquele tempo, o Estado era visto como um verdadeiro inimigo dos cidadãos e, por tal motivo, todas as providências deveriam ser adotadas para que fosse limitado em suas condutas.[2] Todavia, o que se percebeu é que uma atuação do Estado, sob certas circunstâncias, poderia convenientemente reduzir o quadro de desigualdade. Seria, pois, necessário assegurar certo espaço para a atuação do poder público no domínio econômico, vez que apenas dessa maneira seria possível mitigar a desigualdade.

Neste ponto, é interessante traçar um paralelo entre a visão liberal de Estado e o princípio da igualdade: naquela há espaço somente para a igualdade formal, ou seja, em que se dispensa a todos o mesmo tratamento.

Essa correlação também é feita por Abreu, quando destaca em sua obra que o ideal que prevalecia era o de que a abolição de qualquer tratamento diferenciado – leia-se privilegiado – entre os indivíduos

---

[2] OLIVEIRA, Rafael Carvalho Rezende. *Curso de Direito Administrativo*. 5. ed. Rio de Janeiro: Forense, 2017. p. 11.

permitiria que cada um desenvolvesse como melhor lhe aprouvesse as suas aptidões para, com isso, realizar seus projetos de vida.[3]

Em síntese, é como se o afastamento do Estado das questões sociais tivesse o condão de permitir que as desigualdades cessassem.

Com o tempo, embora o fato de a posição abstencionista do Estado ter servido para promover a liberdade dos cidadãos que, até aquele momento, viviam sob uma constante ameaça das investidas autoritárias do soberano, o que se percebe é que essa atuação negativa acabou insatisfatória.

Com as Constituições Mexicana, de 1917, de Weimar, de 1919, e com o término da Segunda Guerra Mundial, em 1945, surge a busca por um Estado pautado por novos paradigmas, o Estado Social.

Se a lógica do Estado Liberal era a de não interferir nas relações sociais, principalmente naquelas de conteúdo econômico, para que se garantisse a liberdade dos indivíduos, o Estado Social é pautado pela imposição, ao poder público, da prestação de alguns serviços que são considerados como estratégicos e de especial relevância para a sobrevivência digna dos cidadãos, como é o caso da viabilidade de acesso à educação formal, aos serviços de saúde e a um sistema habitacional adequado.

A reaproximação entre o Direito e a ética impôs a necessidade de assegurarem-se prestações básicas a todos, visto que, somente com a garantia desse patamar mínimo de condições seria viável o desenvolvimento de todas as potencialidades do indivíduo. Surge aqui, com muita força, o conceito de dignidade da pessoa humana balizado principalmente pelos ideais da filosofia kantiana.[4]

O problema que emerge daí é a hipertrofia do Estado. No período liberal, ele ficava limitado basicamente aos instrumentos necessários para garantir a segurança dos seus cidadãos, o que impunha a prestação de uma série de utilidades. Já no formato social, sobrevém a consequente necessidade de desenvolver-se uma estrutura logística para efetivá-las. Exemplo disso é criação de empresas estatais.

---

[3] ABREU, Sérgio. O Princípio da Igualdade: A (In)Sensível Desigualdade ou a Isonomia Matizada. *In*: PEIXINHO, Manoel Messias; GUERRA, Isabella Franco; NASCIMENTO FILHO, Firly (Org.). *Os Princípios da Constituição de 1988*. 2. ed. Rio de Janeiro: Lumen Juris, 2006. p. 319.

[4] BARROSO, Luís Roberto. *A dignidade da pessoa humana no Direito Constitucional contemporâneo*. Belo Horizonte: Fórum, 2013. p. 68.

Essa configuração do Estado gera naturalmente um custo operacional de grandes proporções ao Tesouro, que, em última análise, é fruto das contribuições impostas aos cidadãos por meio das diversas espécies de tributos, ou seja, a imposição ao Estado da prestação de diversos serviços públicos causou, como um efeito colateral, o inchaço da máquina pública, o que, por sua vez, acarretou a necessidade de arcar com altos custos para sua manutenção.

Ressalte-se que não é necessário dominar conceitos mais complexos sobre gestão, seja pública ou privada, para concluir que o custo para manter uma logística indispensável para a prestação de certas atividades é proporcional à elevação dos recursos necessários para que ela se mantenha. Quanto mais atribuições são conferidas ao Estado, maior é o número de agentes que deverão ser por ele contratados e remunerados.

Retomando a correlação entre o modelo econômico de Estado e o princípio da isonomia, pode-se dizer, sem qualquer receio de equívoco, que a igualdade material é o traço essencial dessa nova visão, vez que se compreende legítimo dispensar um tratamento diferenciado a determinados grupos que, principalmente por circunstâncias históricas, estejam em posição de vulnerabilidade social.

Certo é que esse quadro gerou uma crise, que se aprofundou no fim do século XX, ameaçando a ideia de um Estado Social e possibilitando o surgimento de um novo paradigma.

Essa realidade, que determinou a promoção de serviços pelo Estado, é muito bem descrita por Sarmento:

> A partir dos dois choques do petróleo na década de 70, instaura-se uma crise no *Welfare State*, que põe em xeque a lógica do dirigismo estatal. O Estado, que havia se expandido de modo desordenado, tornando-se burocrático e obeso, encontrava enormes dificuldades para se desincumbir das tarefas gigantescas que assumira. A explosão de demandas reprimidas, gerada pela democratização política, tornara extremamente difícil a obtenção dos recursos financeiros necessários ao seu atendimento. Por outro lado, o envelhecimento populacional, decorrente dos avanços na medicina e no saneamento básico, engendrou uma perigosa crise de financiamento na saúde e na previdência social – pilares fundamentais sobre os quais se assentara o Estado Social. Esta crise se acentua em razão da globalização econômica.[5]

---

[5] SARMENTO, Daniel. Ubiquidade Constitucional: os dois lados da moeda. *In:* SARMENTO, Daniel. *Livres e iguais:* estudos de Direito Constitucional. Rio de Janeiro: Lumen Juris, 2006. p. 26.

O agigantamento da máquina pública gerou um aparato excessivamente custoso aos cidadãos, ao mesmo tempo em que a prestação dos serviços não se revelava satisfatória sob o prisma da eficiência. Simultaneamente, a doutrina econômica do neoliberalismo faz surgir a preocupação com a redução, ao máximo, da estrutura do Estado para, assim, minorar os custos do sustento do poder público a partir dos tributos.

Desponta, então, um forte movimento de venda de alguns ativos públicos a partir do processo de privatizações, deixando ao Estado o mínimo aparato para prestar aquelas funções que seriam necessariamente públicas.

Nesse contexto, cria-se o cenário ideal para uma reformulação dos paradigmas de Estado, fazendo surgir o Estado Regulador ou Gerencial.

Esse inovador modelo, como evolução dos conceitos liberal e social, se manifesta inicialmente em meados dos anos 1970, e a sua característica essencial é o exercício de uma atividade regulatória pelo poder público.

O Estado, em vista disso, não fica alheio às interferências no mercado e nas relações privadas, mas deixa de assumir o lugar daquele a quem incumbe prestar serviços diversos, o que pode, de forma mais eficiente, ser feito pelos agentes econômicos privados. Assim, a sua atuação consiste basicamente no planejamento da atividade econômica e no incentivo e controle dos serviços cuja execução passa a recair sobre um agente privado que com ele estabelece uma relação negocial.

Essa ideia de um organismo gerencial, ao contrário do que os mais afoitos poderiam pensar, não levou a qualquer retrocesso aos tempos do liberalismo, visto que, seguindo esse modelo, o Estado não abdica da sua posição de intervenção nas áreas econômica e social, no sentido de que ela deixa de ser direta para ser indireta ou subsidiária, a partir do fomento público a particulares para que atuem em espaços onde, antes, eram restritos ao poder público que, por seu turno, mantém o controle a partir da regulação das atividades.

Dessa forma, o Estado entrega ao particular o exercício de algumas atividades, antes por ele exercidas, para limitar-se a estabelecer a regulamentação a respeito de sua prestação, isto é, nesse novo desenho institucional, ele entrega a execução de uma atividade, que originariamente seria por ele prestada diretamente à população, aos cuidados dos agentes privados do mercado econômico, passando a preservar a sua competência tão somente para regular o modo de execução.

Logo, ao invés de executar a atividade, o Estado estabelece as regras que deverão ser observadas, nessa tarefa, pelos particulares interessados em fazê-lo às próprias expensas. A sociedade civil organizada e o poder público passam a atuar em parceria na prestação de serviços, e, por consequência, torna-se possível a racionalização da estrutura logística estatal em sentido amplo, reduzindo a magnitude da máquina e o custo.

Acerca da função regulatória do Estado, Souto é perspicaz ao afirmar que:

> A função regulatória é compatível com cada uma das funções da Administração Pública (discricionária, de direção, normativa, sancionatória), variando conforme o tipo de atividade (polícia administrativa, gestão de serviços públicos, ordenamento econômico e ordenamento social); o motivo do destaque é que as demais funções são orientadas por critérios políticos, limitados pelo conceito de organização hierarquizada da Administração, ao passo que a função regulatória é técnica e seus critérios multidisciplinares devem ser orientados por uma política regulatória, estudada no Direito Administrativo.[6]

Ao transplantar-se a evolução das fases do Estado para a realidade específica do Brasil, há dois elementos que nunca podem estar distantes do olhar de quem investiga.

O primeiro deles é que o Estado brasileiro tem como característica um forte traço patrimonialista, além de ter experimentado a passagem abrupta de um modelo de Estado autoritário, baseado em governos militares, para um Estado Democrático de Direito, fundado na autoridade civil.

O patrimonialismo, palpável desde o mais germinal momento do Estado brasileiro, em linhas gerais, corresponde à utilização do que deveria ser destinado a suprir as necessidades da coletividade em prol de um pequeno grupo dominante, ou seja, segundo retrata Gonzalez, ao sintetizar Raymundo Faoro, trata-se da "utilização de recursos públicos, em um sentido amplo, como se privados fossem, na busca de interesses de determinado grupo."[7]

---

[6] SOUTO, Marcos Juruena Villela. Função Regulatória. *Revista Eletrônica de Direito Administrativo*, Salvador, n. 13, fev./mar./abr. 2008. p. 2.

[7] GONZALEZ, Marcelo Sasso. Resenha do livro "Os donos do poder: formação do patronato brasileiro – de Raymundo Faoro". *Revista Direitos Democráticos & Estado Moderno*, São Paulo, v. 1, n. 4, p. 169-172, jan./abr. 2022. p. 169.

O outro elemento é que o Brasil não experimentou uma mudança paulatina entre o governo autoritário, que se encerrou com a fundação da nova ordem jurídica, e o Estado Democrático de Direito, que se seguiu a ele. De uma hora para outra, a visão que colocava o Estado como centro de relevância das questões públicas migra para a preocupação com o valor da dignidade da pessoa e a afirmação de que o ente estatal, na verdade, é apenas um instrumento para viabilizar direitos.

Ocorre, nas palavras de Boaventura de Sousa Santos, um verdadeiro "curto-circuito", haja vista que um Estado que não se concebia como um instrumento de garantia de direitos passa, a partir da Constituição de 1988, a precisar garantir uma série de bens e serviços para os cidadãos. Em nenhum momento o Estado se aparelhou para prover os direitos que prometeu aos indivíduos:

> O século XX foi dos séculos mais violentos da história, mas também se caracterizou por muitas conquistas positivas: dos direitos sociais e econômicos dos trabalhadores à libertação e independência das colônias, dos movimentos dos direitos cívicos das populações afrodescendentes nas Américas às lutas das mulheres contra a discriminação sexual. No entanto, apesar dos êxitos, os resultados não são brilhantes. Nas primeiras décadas do século XXI atravessamos mesmo um período de refluxo generalizado de muitas das conquistas dessas lutas. O capitalismo concentra a riqueza mais do que nunca e agrava a desigualdade entre países e no interior de cada país; o racismo, o neocolonialismo e as guerras imperiais assumem formas particularmente excludentes e violentas; o sexismo, apesar de todos os êxitos dos movimentos feministas, continua a causar a violência contra as mulheres com uma perspectiva inabalável. Um diagnóstico correto é a condição necessária para sairmos deste aparente curto-circuito histórico.[8]

Como dito, a concepção das licitações acompanha a mudança de pensamento acerca da função do Estado e, principalmente, os modelos de interferência deste na dinâmica social, sendo que há uma significativa alteração de sentido quando aquelas se veem inseridas em cada um deles.

Originalmente, o processo de compras públicas tinha como fim exclusivo atender a parâmetros financeiros, de maneira que o objetivo do poder público, ao utilizar-se dos procedimentos licitatórios era, exclusivamente, o de obter dos agentes privados a proposta com a maior

---

[8] SANTOS, Boaventura de Sousa. Boaventura: a esquerda sem imaginação. *Outras palavras*, 18 dez. 2018.

modicidade financeira dentre as apresentadas. O que se buscava com o processo de compras públicas era equalizar os custos da máquina pública a partir da contratação dos bens ou dos serviços que se revelassem os mais baratos e que atendessem às exigências de qualidade predeterminadas.

Em 2010, ao lado da busca pela proposta mais vantajosa sob o ponto de vista financeiro para o erário, com o advento da Lei nº 12.349, o que se vê é o surgimento de uma nova pauta para as compras públicas: a promoção do desenvolvimento nacional sustentável.

Surge aqui o que se convencionou chamar de função regulatória da licitação, isto é, o seu emprego para a concretização de algum resultado que seja benéfico conforme os projetos delimitados nas normas constitucionais.

Desde então, a proposta que se afigura a mais vantajosa para a Administração Pública não será, intuitivamente, aquela que se apresenta como a menos dispendiosa do ponto de vista financeiro, mas a que passa a considerar outros fatores reputados como relevantes para a ordem jurídica, como a concretização de benefícios sociais, ambientais e econômicos.

A partir dessa premissa, Pereira Júnior, acertadamente, acena no sentido de que qualquer contratação realizada pela Administração Pública para atender a um interesse público deverá estar voltada, igualmente, à promoção do desenvolvimento sustentável.[9]

1.2 Breve histórico das licitações públicas

Esclarecidas basicamente as questões sobre os modelos de Estado, e para que se insira as licitações nessa evolução, vale historiar, também de forma breve, seu percurso no Brasil.

A partir da valiosa contribuição do estudo realizado por Christianne Stroppa, tem-se que, no Brasil Colônia, as licitações eram reguladas pelas Ordenações Filipinas, tendo sido editada a primeira Lei Nacional de Licitações apenas em 29 de agosto de 1828, período que se sucedeu à Proclamação da Independência, portanto mais de meia década após o histórico dia 7 de setembro de 1822. O objeto dessa primeira

---

[9] PEREIRA JUNIOR, Jessé Torres. Desenvolvimento sustentável: a nova cláusula geral das contratações públicas brasileiras. *Revista Interesse Público*, Belo Horizonte, ano 13, n. 67, maio/jun. 2011.

legislação autenticamente brasileira foi a regulação dos procedimentos de licitação destinados às obras públicas. Contudo foi a partir do advento do Código de Contabilidade da União – Decreto-Legislativo nº 4.536, de 28 de janeiro de 1922, e do Regulamento Geral de Contabilidade Pública – Decreto nº 15.783, de 8 de novembro daquele mesmo ano, que o instituto passou a assumir o relevo que tem atualmente.[10]

O que se vê em toda a legislação referente às licitações públicas, desde 1922 até o advento do Decreto-Lei nº 2.300/1986, é que a preocupação com o instituto se dava em relação ao procedimento, isto é, os diplomas legais que se sucediam tinham como único escopo alterar miudezas procedimentais, sempre buscando a comparação entre as ofertas feitas pelos interessados em contratar com a Administração Pública mediante o julgamento e escolha da proposta que fosse mais favorável ao interesse público.

Com o processo de redemocratização e a reinauguração da ordem jurídica brasileira a partir da promulgação da Constituição de 1988, passa-se a dispensar um tratamento diferenciado às licitações. A obrigatoriedade de sua utilização para legitimar as contratações realizadas pela Administração Pública, direta e indireta, exceto naqueles casos em que a legislação permitisse a contratação direta, passa a ocupar o privilegiado espaço de um dos seus princípios setoriais. O artigo 37, inciso XXI da Carta Magna, não deixa qualquer margem de dúvida para o emprego de um procedimento licitatório para as contratações públicas.

A preocupação do legislador constituinte se explica, na medida em que as ligações entre a exigência de um procedimento licitatório e as ideias de impessoalidade e de República caminham lado a lado.

Nesse contexto, ao abraçar explicitamente o princípio da dignidade da pessoa humana como o seu axioma central, a Constituição Federal da República, da mesma forma que fez com institutos que antes ficavam à margem de qualquer função social, tais como a propriedade privada, emprestou uma nova roupagem ao conceito de licitação, que não passava de um mero instrumento procedimental de escolha mais econômica da proposta a ser aceita pela Administração Pública, para vesti-lo de um objetivo social.

---

[10] STROPPA, Christianne de Carvalho. *As micro e pequenas empresas (MPEs) e a função social da licitação*. 2013. Dissertação (Mestrado em Direito) – Pontifícia Universidade Católica de São Paulo, São Paulo, 2013. p. 12-13.

É nesse cenário pós-Constituição Cidadã que surge a Lei nº 8.666/1993, que, até março de 2021, representou o principal marco normativo sobre as licitações públicas no Brasil.

A compreensão dessa lei se submete, necessariamente, à abordagem do cenário político-social do Brasil dos anos 1990, que, sem qualquer exagero, pode ser comparado a um "barril de pólvora".

Em 1989, o povo brasileiro voltava às urnas, depois dos sombrios anos da ditadura militar que se seguiu ao infame golpe de 1964, tendo sido eleito, sob o mote de "caçador de marajás", o jovem Fernando Collor de Melo, carioca radicado na política do estado de Alagoas.

Já em janeiro de 1992, denunciado pelo irmão, o então Presidente Collor passou a ser alvo de várias notícias de corrupção nas diversas esferas do seu governo, sendo certo que, por conta disso, em 29 de dezembro de 1992, renunciou ao mandato quando era iminente o seu impedimento no Congresso Nacional.

Na primeira metade da década de 1990, uma das grandes preocupações da opinião pública era o estabelecimento de mecanismos que tornassem mais dificultosos quaisquer estratagemas destinados a desviar recursos públicos, o que, certamente, passava pela necessidade de uma reestruturação da normativa referente às licitações, haja vista que, por meio das contratações ilegítimas, eram montados esquemas de corrupção que prejudicavam a adequada prestação dos serviços públicos.

É nesse ambiente que surge a Lei nº 8.666/1993, exprimindo uma preocupação destacada em legitimar a atuação da Administração Pública, notadamente a forma como deveria ser gerido o Tesouro no tocante às aquisições de bens e aos serviços indispensáveis à satisfação do interesse público.

O referido diploma legal, apelidado de Lei Geral das Contratações Públicas, não trazia em sua redação originária qualquer disposição acerca da necessidade de que a Administração Pública observasse, para definir a proposta vencedora de certame, qualquer parâmetro relacionado à promoção de grupos especialmente vulneráveis.

É importante observar que essa lei surge em um ordenamento jurídico nitidamente vinculado à ideia de Estado Social e passou incólume, em grande parte, pela Reforma Administrativa implementada pelo governo do Presidente Fernando Henrique Cardoso, responsável por promover a transição para um modelo de administração pública gerencial.

A omissão na redação originária da Lei nº 8.666/1993, em relação ao tratamento de temas de cunho social, dentre os quais a questão ecológica, de incentivo aos empreendedores de menor porte e, por fim, dos grupos vulneráveis, fez com que se tornasse necessária a edição de leis que a alterassem de modo que se tornasse uma verdadeira colcha de retalhos.

Apenas a título de ilustração, para que se tenha noção da dimensão do emaranhado normativo que se formou, referida lei foi alterada com o objetivo de atender à função regulatória das licitações públicas, pelos seguintes diplomas, entre outros: (i) Lei nº 8.883/1994, que incluiu o inciso XX, no artigo 24, para dispensar a licitação na contratação de associação sem fins lucrativos de portadores de deficiência física para a prestação de serviços ou fornecimento de mão de obra; (ii) Lei nº 13.146/2015, inseriu o inciso V no parágrafo 2º, e o inciso II, no parágrafo 5º, ambos do artigo 3º, da Lei nº 8.666/1993, tratando, como critério de desempate e como margem de preferência para concorrentes que têm como funcionários pessoas com deficiência ou em reabilitação no Sistema de Previdência Social; (iii) o artigo 40, parágrafo 5º, da Lei nº 8.666/1993, inserido pela Lei nº 13.500/2017, que autoriza a Administração Pública a exigir, no edital do certame, que a contratada tenha um percentual de mão de obra oriundo ou egresso do sistema prisional com a finalidade de ressocialização do reeducando.

Sancionada em 1º de abril de 2021, a Lei nº 14.133 veio estabelecer o novo marco regulatório das ações afirmativas nas licitações e fomentar, de maneira ainda mais vertical, a sua utilização nos certames.

A Nova Lei de Licitações e Contratos Administrativos estabeleceu vigência concomitante à Lei nº 8.666/1993, a princípio, até 1º de abril de 2023, para que órgãos públicos e a iniciativa privada se adaptassem às mudanças. Contudo, findo o período estipulado, houve um movimento dos agentes públicos que ainda não haviam adequado os procedimentos licitatórios aos moldes da nova lei, para que se regulamentasse a prorrogação do prazo de vigência da antiga lei, o que se deu por meio da edição da Medida Provisória nº 1.167, de 31 de março de 2023, assinada pelo presidente Luiz Inácio Lula da Silva.

Com a caducidade da referida MP em vista, e a fim de manter o prazo de validade da antiga Lei Geral nela determinado, foi sancionada a Lei Complementar nº 198, de 28 de junho de 2023, que, entre outras providências, prorrogou a validade da Lei nº 8.666/1993 até dezembro de 2023, mantendo o período de vigência simultânea à da Lei nº 14.133/2023.

1.3 Conceito de licitações públicas

Visto o escorço a respeito da evolução do Estado e do tratamento legislativo dispensado ao tema das licitações públicas, é imprescindível que se voltem os olhos à delimitação do conceito fundamental do instituto que representa o cerne desta obra.

Registre-se, neste ponto, que a definição não é algo que desperta maiores controvérsias, ao contrário do que se dá, por exemplo, com a sua natureza jurídica, que seria um processo para uns e, para outros, um procedimento. Tendo em vista o objeto sobre o qual aqui se debruça não demandar esforços em torno dessa controvérsia, não obstante sua relevância, é de limitar-se a leitura aos contornos de seu conceito:

Em sua obra clássica e de referência obrigatória, Hely Lopes Meirelles conceitua licitação nos seguintes termos:

> Licitação é o procedimento administrativo mediante o qual a Administração Pública seleciona a proposta mais vantajosa para o contrato de seu interesse. [...] Julgamento objetivo é o que se baseia no critério indicado no edital e nos termos específicos das propostas. É princípio de toda licitação que seu julgamento se apoie em fatores concretos pedidos pela Administração, em confronto com o ofertado pelos proponentes dentro do permitido no edital ou convite. Visa a afastar o discricionarismo na escolha das propostas, obrigando os julgadores a aterem-se ao critério prefixado pela Administração, com o que se reduz e se delimita a margem de valoração subjetiva, sempre presente em qualquer julgamento.[11]

Na doutrina contemporânea, também se destaca o conceito elaborado por Torres: "A licitação é o procedimento prévio de seleção por meio do qual a Administração, mediante critérios previamente estabelecidos, isonômicos, abertos ao público e fomentadores da competitividade, busca escolher a melhor alternativa para a celebração de um contrato."[12]

---

[11] MEIRELLES, Hely Lopes. *Direito Administrativo Brasileiro*. 30. ed. São Paulo: Malheiros, 2005. p. 269.
[12] TORRES, Ronny Charles Lopes de. *Leis de Licitações Públicas Comentadas*. 12. ed. Salvador: JusPodivm, 2021. p. 41.

Do cotejo entre o conceito que é oferecido pela doutrina mais tradicional e aquele que é introduzido na contemporaneidade, tem-se, em comum, que o escopo da licitação está voltado para a obtenção da melhor proposta pela Administração Pública, que poderá, dessa forma, atender ao interesse público que por ela foi detectado como justificador do destino de parte dos recursos públicos. Assim, quando se fala em licitação, a primeira ideia que deve surgir à mente é a de verificação da melhor proposta.

Surge, neste ponto, a seguinte indagação: do que se trata a melhor proposta?

Consoante a já transcrita definição dada por Meirelles, em sua obra *Direito Administrativo Brasileiro*, a licitação tem como um dos seus princípios norteadores a realização de um julgamento a partir de critérios objetivos. Tais critérios devem constar no ato convocatório do certame, de modo que os eventuais interessados em contratar com a Administração Pública possam apresentar suas ofertas com efetiva chance de êxito.

O que se quer dizer é que a economicidade, assim compreendida como aquela proposta que exige do poder público o menor emprego dos recursos financeiros para obter o produto ou o serviço essencial à realização do interesse público por ele tutelado, não é a essência do objetivo de um procedimento – ou processo – licitatório. Muito embora não se possa negar, na maioria das vezes, que a Administração Pública busca o menor preço para contratar, pouco se importando com o melhor preço. Nesse sentido, o Tribunal de Contas da União assim já decidiu:

> A administração pública deve procurar produtos e serviços com a devida qualidade e que atendam adequadamente às suas necessidades. É preciso mudar o paradigma, que infelizmente ainda predomina no campo das aquisições públicas, da busca do "menor preço a qualquer custo". Esse paradigma tem levado, muitas vezes, a administração a contratar obras, bens e serviços de baixa qualidade, que não atendem a contento às necessidades e que afetam o nível dos serviços públicos prestados. E, muitas vezes, sequer a aparente economia de recursos que se vislumbrava conseguir efetivamente se concretiza em médio e longos prazos, uma vez que esse tipo de contratação geralmente implica substituições em prazos mais curtos, maiores custos de manutenção etc.[13]

---

[13] BRASIL. Tribunal de Contas da União (Plenário). *Acórdão nº 1.225/2014*. Pedido de reexame em processo de representação. Questionamento acerca da exigência de certificado, de acordo com norma da ABNT. Considerações acerca do assunto. Possibilidade de se fazer tal exigência,

Desde que se atenda à isonomia, à competitividade e à promoção do desenvolvimento nacional sustentável, objetivos estabelecidos em lei, para qualquer licitação, outros critérios além da modicidade devem ser considerados.

Neste ponto, é interessante abordar o conceito de licitação associado ao desenvolvimento do Estado, na forma como se apresentou no tópico antecedente.

Em um cenário de Estado Liberal, no qual a pretensão da sociedade seja a de que a Administração Pública não exerça qualquer interferência na atividade dos agentes econômicos privados, senão quando for absolutamente indispensável, justifica-se que a preocupação do poder público esteja relacionada à escolha daquela proposta que exija um menor custo financeiro. Ora, além de ensejar um menor gasto de recursos públicos que, em última análise, implicará a busca por receitas, notadamente tributárias, ainda contribuirá para incentivar a disputa no ambiente privado.

Por outro lado, quando o paradigma adotado pela norma fundamental que constitui a ordem jurídica é aquele típico de um Estado Social que, como se sabe, preconiza a igualdade material entre os diversos atores sociais, de forma que, autorizado por lei, possa a Administração Pública influir na dinâmica das relações privadas, a licitação assume uma feição que vai além do critério da economicidade. Nada impede que, por meio das licitações públicas, o Estado possa atuar positivamente na sociedade e promover, com a sua fortíssima posição como agente econômico, o desenvolvimento dos valores da isonomia material, privilegiando a escolha daquele candidato a contratante que, além de um preço satisfatório, ainda apresente uma vantagem anexa.

Nesse mesmo sentido, são importantes as lições extraídas da obra de Ferraz, em que a leitura constitucionalizada das licitações públicas impõe que sejam levados para o seu conteúdo papéis até então desconhecidos e que se encontram umbilicalmente ligados à necessidade de redução de desigualdade e de tutela de grupos em especial situação de vulnerabilidade, até mesmo porque, como se sabe, o instituto não representa um fim em si mesmo e, por tal motivo, pode – ou melhor, deve – atender a diversas dimensões de interesse público.[14]

---

desde que tecnicamente justificada. Provimento dos recursos. Exclusão da multa aplicada aos recorrentes. Relator: Ministro Aroldo Cedraz, 14 maio 2014. Brasília: TCU, 2014.

[14] FERRAZ, Luciano. Função Regulatória da Licitação. *Revista do Tribunal de Contas do Estado de Minas Gerais*, Belo Horizonte, v. 72, ano XXVII, n. 3, p. 35, jul./set. 2009.

Destaca-se, ainda, que o artigo 170 da Constituição de 1988 dispõe sobre os princípios setoriais da atividade econômica, a saber: (i) soberania nacional; (ii) propriedade privada; (iii) função social da propriedade; (iv) livre concorrência, (v) defesa do consumidor; (vi) defesa do meio ambiente; (vii) redução das desigualdades regionais e sociais; (viii) busca do pleno emprego; (ix) tratamento favorecido para as empresas de pequeno porte.

Analisadas de forma ampla, as licitações públicas representam uma atividade econômica que é desempenhada pelo Estado e, como tal, submete-se aos aludidos princípios.

Embora isso venha a ser explorado de forma mais vertical em momento oportuno nesta obra, vale dizer que as licitações públicas atenderão à principiologia constitucional não apenas quando promoverem a livre concorrência entre aqueles que pretendem contratar com a Administração Pública, mas, com igual intensidade, ao observar a materialização da redução do quadro de desigualdade, inclusive no acesso ao mercado formal de trabalho.

Destaca-se, também, que se está diante de princípios "concorrentes", que, ao contrário das regras, não se aplicam pela excludente lógica da inferência, mas por meio da análise gradual. Assim, sem sombra de dúvidas, as licitações públicas devem, obrigatoriamente, observar o princípio da livre concorrência, entretanto sem perder de vista a observância aos princípios da redução das desigualdades regionais e sociais e da busca do pleno emprego.

Dessa forma, o conceito de licitações públicas mais adequado para este âmbito será aquele que contempla no seu emprego um instrumento para atender à busca por uma proposta menos custosa para os cofres públicos, mas, principalmente, para realizar, entre outros, o projeto de prevalência da dignidade da pessoa humana estabelecido pela Constituição de 1988.

1.4 A função social das contratações públicas

Com suporte na definição de licitações públicas e na visão de que elas desempenham um importante papel de auxílio na consecução dos projetos estabelecidos pelo legislador constituinte, deve-se evidenciar o que se compreende como sua função social segundo a ordem jurídica vigente no País. Destarte, qual seria o referencial mais adequado para conceituá-las? Para responder a esse questionamento, é indispensável que se tracem as linhas gerais da conformação do Estado Brasileiro fundado na atual Carta Política.

De início, ressalte-se que a Constituição de 1988 é considerada, majoritariamente, como uma daquelas que se ajusta ao conceito de "Constituição Dirigente", delineado no livro de autoria do lusitano José Joaquim Gomes Canotilho, *Direito Constitucional e Teoria da Constituição*.[15] Inclusive, baseada nas lições de Eros Grau, Pulcinelli ressalta que, quando o texto constitucional estabelece que a ordem econômica inaugurada extrai seus fundamentos dos valores sociais, acaba por manifestar a sua oposição às Constituições Liberais, haja vista que, dessa forma, propõe assumir o protagonismo em um cenário de transformações sociais, o que é típico de uma Constituição Dirigente.[16]

É de referir que se posicionam nesse mesmo sentido Sarmento[17] e Vieira.[18]

Também importa rememorar que uma Constituição Dirigente traz, como uma espécie de corolário, um movimento de Constitucionalização de Transformação, ou seja, as normas contidas no texto constitucional têm a tendência de viabilizar que o *status quo* enfrentado pelo legislador constituinte no período de transição seja alterado com o passar dos anos e com a implementação dos programas constitucionais.

Neste cenário, com o surgimento da presente ordem jurídica, a República Federativa do Brasil incorporou como um dos seus fundamentos, a dignidade da pessoa humana, na forma do artigo 1º, inciso III da Constituição de 1988, e, como consectário lógico, estabeleceu a construção de uma sociedade solidária e apta a erradicar a pobreza e a reduzir as desigualdades sociais, como dita o artigo 3º, incisos I e II do mesmo diploma.

Por conta disso, toda a atividade do Estado deve estar pautada pelo princípio da dignidade da pessoa, que, segundo Sarmento, reputa-se

---

[15] CANOTILHO, José Joaquim Gomes. *Direito Constitucional e Teoria da Constituição*. 5. ed. Coimbra: Almedina, 2002.
[16] PULCINELLI, Eliana. *STF como indutor da mudança no constitucionalismo de transformação*. Curitiba: Juruá, 2016. p. 81-82.
[17] SARMENTO, Daniel. Ubiquidade Constitucional: os dois lados da moeda. *In:* SARMENTO, Daniel. *Livres e iguais*: estudos de Direito Constitucional. Rio de Janeiro: Lumen Juris, 2006. p. 178.
[18] VIEIRA, Oscar Vilhena. *A Constituição e sua reserva de justiça*: um ensaio sobre os limites materiais do poder de reforma. São Paulo: Malheiros, 1999. p. 26.

como o "epicentro axiológico da ordem constitucional."[19] Também é uma imposição constitucional que as atividades estatais, em seus diferentes níveis, principalmente aquelas de índole econômica, estejam voltadas a reduzir a condição de desequilíbrio que se revela entre alguns grupos sociais em especial situação de vulnerabilidade.

Nesse cenário, as ações afirmativas assumem uma posição central, para mitigar o estado de disparidade de forças, sobremaneira prejudicial aos grupos vulneráveis, na busca pela realização de uma transformação social com a redução do incômodo quadro de desigualdades existentes entre os diversos grupos que integram a sociedade brasileira. É a ideia de justiça compensatória, que será melhor explicada em momento oportuno, e que, como bem destaca Gomes, as ações afirmativas são um instrumento necessário para corrigir uma subjugação histórica de certas parcelas da sociedade:

> Subjacente a todas essas teorias explicativas e fundamentadoras das ações afirmativas encontra-se o argumento central, que tem por sustentáculo a necessidade, para as sociedades que por longo tempo adotaram políticas de subjugação de um ou vários grupos ou categorias de pessoas por outras, de corrigir os efeitos perversos da discriminação passada. Assim, ao adotarem os programas de preferência em prol de certos grupos sociais historicamente marginalizados, essas sociedades estariam promovendo, no presente, uma "reparação" ou "compensação" pela injustiça cometida no passado aos antepassados das pessoas pertencentes a esses grupos sociais.[20]

Tratando-se a Constituição como o centro do ordenamento jurídico, o que se dá, principalmente, com o movimento de constitucionalização do Direito no quarto final do século XX, todos os institutos do Direito Administrativo foram por ela impregnados. Com o passar dos anos e o amadurecimento da experiência constitucional da Carta Vigente, o que se viu – e ainda se vê – é uma série de alterações legislativas que visam inserir em cada instituto o viés da dignidade da pessoa e da equalização entre os desiguais na sociedade.

Em referência sobre o assunto, Binenbojm ilustra a Constituição como uma força propulsora para a mudança de paradigmas, até então

---

[19] SARMENTO, Daniel. *A ponderação de interesses na Constituição Federal*. Rio de Janeiro: Lumen Juris, 2002. p. 59.
[20] GOMES, Joaquim Benedito Barbosa. *Ação afirmativa & princípio constitucional da igualdade*. Rio de Janeiro: Renovar, 2001. p. 61-62.

considerados intangíveis no Direito Administrativo Brasileiro, porque os princípios e regras nela encartados e dotados da supremacia formal e material fazem com que a atividade administrativa seja informada por seus valores e todos os institutos jurídicos sejam relidos, para que possam, em caso de compatibilidade, ser mantidos na ordem jurídica inaugurada.[21]

A superioridade da Constituição e a sua força normativa acabam por fazer com ela impregne, inclusive, a atividade administrativa, e o procedimento de contratações públicas não fica alheio a essa realidade.

A exigência, como regra, de um procedimento licitatório para as contratações públicas tem sede material no artigo 37, inciso XXI, da Constituição de 1988. Como dito, é quase intuitivo, quando se pensa sobre o tema, que a preocupação exclusiva dos procedimentos licitatórios seja a contratação, pelo poder público, daquela proposta que seja a mais vantajosa sob o ponto de vista econômico, a partir de critérios isonômicos e objetivos. Ocorre que essa visão não condiz com a realidade do instituto, que assume importante função social.

Não é uma discussão recente a possibilidade de se atribuir ao processo de compras públicas em geral – incluídos aí a licitação pública e o contrato administrativo – um viés funcionalizado, ou seja, uma função social, assim considerada a inclusão de interesses diversos, além da obtenção em si do serviço a ser prestado ou do bem a ser entregue por aquele particular que contrata com a Administração Pública. Não há prejuízo quando o procedimento licitatório abrange outras finalidades sociais relevantes além daquela que lhe é inerente, servindo, inclusive, como um instrumento de inclusão de grupos vulneráveis.

É o que pondera Ferreira, ao citar Sérgio Resende de Barros:[22]

> A função social revela, grosso modo, um *plus* à viabilização ou mesmo à própria satisfação da necessidade administrativa ou coletiva, passando a irradiar efeitos favoráveis para sujeitos em outras direções em princípio "estranhos" ao objeto licitado e contratado. A ideia de função social ou socialidade da administração pública. O interesse público não se limita ao interesse administrativo. Abrange também o interesse social, que pode prevalecer sobre o administrativo, o financeiro, o técnico, como critério

---

[21] BINENBOJM, Gustavo. *Uma teoria do Direito Administrativo*: direitos fundamentais, democracia e constitucionalização. 2. ed. Rio de Janeiro: Renovar, 2008.
[22] BARROS, Sérgio Resende de. Liberdade e contrato: crise da licitação. Citado por FERREIRA, Daniel. *A licitação pública no Brasil e sua finalidade legal*: a promoção do desenvolvimento nacional sustentável. Belo Horizonte: Fórum, 2012. p. 36-37.

de avaliação. Em casos especiais, à proposta financeira ou tecnicamente mais vantajosa, pode preferir outra, que seja de maior proveito social. Exemplo: em regiões ou situações críticas, sendo grave o desemprego, pode o Estado preferir proposta que empregue mais mão-de-obra, atendendo o interesse social, embora outras atendam melhor o estrito interesse administrativo, por serem financeira ou tecnicamente mais vantajosas [...]. Obviamente, na atualidade, o contrato administrativo, na medida social da liberdade individual, não suporta mais a velha supressão ineficaz da liberdade de contratar do Poder Público, mas tão somente comporta um novo controle eficaz dessa liberdade, mesmo na escolha dos contratados, sob pena de pôr a perder o Estado como agente e o contrato como instrumento de progresso social.

Em que pese o tema ser objeto de análise mais minudente em capítulo próprio, é imprescindível, aqui, que fique clara a necessidade de que as licitações públicas, antes vinculadas a um ideal liberal de Estado, sejam funcionalizadas, de forma que sirvam ao desenvolvimento nacional sustentável, inclusive no que tange à realização do projeto de mitigação das desigualdades sociais por meio de uma interferência positiva na dinâmica do acesso ao mercado formal de empregos, garantindo que grupos sociais tradicionalmente dele alijados tenham as mesmas chances de acesso que aqueles que compõem a parcela mais favorecida da população. Assim, deve-se reconhecer o papel de destaque que o processo de compras públicas pode assumir para que a população negra e indígena, pessoas portadoras de deficiência, os egressos do sistema penitenciário, aprendizes, idosos, as mulheres vítimas de violência de gênero, entre outros grupos socialmente vulneráveis, possam, a partir do fomento pela Administração Pública, ter seu acesso franqueado aos empregos formais.

1.5 Marcos legais e panorama das ações afirmativas nas contratações públicas no Brasil

Sempre que se inicia o estudo de um instituto jurídico, é conveniente que se introduza um tópico com um breve conceito, e a proposta doutrinária de Carvalho, dentre as diversas consultadas, é a que melhor apresenta ao leitor as linhas gerais das ações afirmativas:

> Atualmente, as ações afirmativas definem-se como mecanismos legais cujo objetivo é fomentar a igualdade substancial entre os membros da

comunidade que foram socialmente preteridos. Para tanto, inserem-se discriminações positivas, no sentido de tratar desigualmente os desiguais, para que estes possam alcançar o mesmo nível, patamar ou status social que os demais membros da comunidade. Trata-se de políticas e mecanismos de inclusão, de natureza multifacetária, concebidos por entidades públicas, privadas e por órgãos dotados da competência jurisdicional, com vistas à concretização da efetiva igualdade de oportunidades a que todos os seres humanos têm direito.[23]

Ainda que existam outros conceitos na doutrina, conforme adiante, considera-se que o acima citado é o que apresenta o instituto de forma mais completa e será usado como suporte para o que se entende por ações afirmativas.

É interessante traçar um cenário sobre o instituto no direito brasileiro e no contexto das compras públicas, assunto até então parcamente abordado pela doutrina, embora já tenha sido objeto de outros trabalhos autorais além deste, dentre os quais o que foi apresentado no VII Seminário Internacional sobre Direitos Humanos Fundamentais promovido pela Universidade Federal Fluminense.[24]

Não obstante o conceito de ações afirmativas elaborado por Carvalho ser considerado o mais adequado como base para este capítulo, o enfoque dado ao instituto por Feres Júnior *et al.* também se faz pertinente neste momento, para que se visualize a relação estabelecida entre alguns princípios:

> [Ação afirmativa é] Todo programa, público ou privado, que tem por objetivo conferir recursos ou diretos especiais para membros de um grupo social desfavorecido, com vistas a um bem coletivo. Etnia, raça, classe, ocupação, gênero, religião e castas são as categorias mais comuns em tais políticas. Os recursos e oportunidades distribuídos pela ação afirmativa incluem participação política, acesso à educação, admissão em instituições de ensino superior, serviços de saúde, emprego,

---

[23] CARVALHO, Raquel. Dos fundamentos das ações afirmativas ao decreto federal n. 9.450/2018: o poder de compra do estado em favor dos presos e egressos do sistema penitenciário. *RC Raquel Carvalho Direito*. Belo Horizonte, 25 jul. 2018.

[24] HORTA FILHO, Francisco Alves da Cunha; LEITÃO, Gisella Maria Quaresma. A utilização das compras públicas na emancipação financeira da mulher vítimas de violência de gênero. *In*: SEMINÁRIO INTERNACIONAL SOBRE DIREITOS HUMANOS FUNDAMENTAIS, 7., v. 2, 7-8 jun. 2021, On-line. *Anais [...]*. On-line: Universidade Federal Fluminense, 2021.

oportunidades de negócios, bens materiais, redes de proteção social e reconhecimento cultural e histórico.[25]

Logo, é inegável, a relação existente entre os axiomas da dignidade da pessoa humana e da igualdade, posto que todos os indivíduos possuem igual valor, razão pela qual demandam equivalente respeito. Por isso, a isonomia restou consagrada em diversas passagens ao longo do texto constitucional: (i) consta no Preâmbulo, que, apesar de não estar dotado de força normativa, é um importante referencial interpretativo para contextualizar o dispositivo no sistema em que está inserido; (ii) representa o primeiro dos objetivos fundamentais da República brasileira; (iii) parametriza a atuação do Estado brasileiro na ordem internacional; (iv) assume a natureza de direito fundamental, inserido em diversas dimensões, notadamente em seu viés material, informando desde as relações familiares, passando por aquelas que se incluem no ambiente do trabalho e desaguando como princípio setorial da ordem tributária.

Também é importante dizer que a ordem jurídica, que seria sepultada com o advento da atual Carta Política, era marcada por privilégios odiosos aos que ocupavam os espaços de poder prevalentes no sistema ditatorial, o que incluía até mesmo aqueles que com eles estabeleciam relações de cunho pessoal. A sociedade brasileira é marcada, desde sempre, pela existência de grupos que recebem um olhar privilegiado dos governos, situação que se acentuou nos anos que sucederam ao golpe de 1º de abril de 1964.

Schwarcz faz um diagnóstico acerca da desigualdade como fator estruturante da sociedade brasileira para justificar, inclusive, as raízes do pensamento autoritário no país, e acrescenta um dado empírico relevante, consubstanciado nas conclusões extraídas do Relatório Oxfam, de 2018, que destaca o crescimento dessa situação desde o ano de 2016.[26] Infelizmente, o Brasil experimenta, assim, um quadro de desigualdade estruturante que chega às raias da banalização o que dificulta a sua superação.

---

[25] FERES JÚNIOR, João *et al*. *Ação afirmativa*: conceito, história e debates. Rio de Janeiro: EdUERJ, 2018. p. 13.
[26] SCHWARCZ, Lilia Moritz. *Sobre o autoritarismo brasileiro*. São Paulo: Companhia das Letras, 2019. p. 126.

Conceituar igualdade é de grande complexidade em virtude das "várias dimensões que se tornam relevantes em situações diversas", conforme bem ressalvado por Moreira:

> [...] a igualdade opera como um padrão de racionalidade para a distribuição de valores reconhecidos como necessários para a construção de uma sociedade mais justa. Ela determina os critérios pelos quais as diferentes formas de justiça serão alcançadas, uma vez que o tratamento igualitário permite a satisfação da identidade moral entre os membros da comunidade política.[27]

Registra-se historicamente, em especial a partir de Aristóteles, duas espécies de igualdade, quais sejam, a meramente formal e a material. Em linhas gerais, a igualdade tomada em seu sentido formal dispensa a todos um tratamento absolutamente isonômico, ou seja, é a igualdade perante a lei e na lei. Já a igualdade material compreende os indivíduos inseridos em seu contexto social, tomados em suas vicissitudes, para que se dispense a eles um tratamento diferente na mesma medida em que eles se revelem desiguais, devendo-se tratar os desiguais de forma desigual do mesmo modo que as suas desigualdades.

Definir aquilo que é justo, decerto, é um dos temas que gera as reflexões mais profundas tanto no plano jurídico quanto, principalmente, no campo da filosofia. Todavia, é lugar comum que o sentimento de justiça extraído da Constituição de 1988 não permite tomar a igualdade como um princípio em seu aspecto formal, mas, sobretudo, em seu viés material, sob pena de, assim não ocorrendo, frustrar de plano a concretização do seu primeiro objetivo fundamental: fomentar uma sociedade livre, justa e solidária.

Essas considerações são importantes pelo fato de que as ações afirmativas são um dos mecanismos mais destacados na materialização do princípio da igualdade material. As medidas afirmativas consubstanciam uma parte da política pública destinada a superar a desigualdade, estabelecendo atuações do Estado em prol de grupos específicos que, historicamente, sofrem com restrições às melhores oportunidades de ascensão social.

No Brasil, as ações afirmativas foram destacadas como um relevante instrumento de proteção da igualdade material, a partir do

---

[27] MOREIRA, Adilson José. *Tratado de Direito Antidiscriminatório*. São Paulo: Contracorrente, 2020. p. 138.

precedente extraído do julgamento no Supremo Tribunal Federal da Ação de Descumprimento de Preceito Fundamental nº 186/DF, cuja relatoria recaiu sobre o Ministro Ricardo Lewandowski.[28] Essa decisão paradigmática é reputada como um marco central na defesa do emprego de medidas distintivas para atenuar problemas sociais históricos.

No caso, a impugnação estava voltada contra a política de cotas raciais implementada no âmbito da Universidade de Brasília, quando foram apresentados questionamentos acerca da legitimidade constitucional da providência de separação de parte das vagas a serem preenchidas pelo vestibular a partir de critérios raciais.

A partir da decisão, que será melhor investigada a posteriori, o STF assentou pela adequação constitucional do estabelecimento de políticas públicas preferenciais para grupos historicamente vulnerabilizados.

É interessante observar, em relação à decisão na referida ação, que a Corte adotou explicitamente as ideias de igualdade, justiça e diferença que estão presentes na obra *Uma teoria da justiça*, de Rawls, em um ponto que se destaca e pressupõe a justiça de uma sociedade visto que as riquezas e os benefícios se estendem a todos indiscriminadamente: "As desigualdades sociais devem estar dispostas de tal modo que tanto (a) propiciem o máximo benefício esperado para os menos favorecidos como (b) estejam vinculadas a cargos e posições abertos a todos em condições de igualdade equitativa de oportunidades".[29]

Em outras palavras, a ideia de justiça pressupõe a igualdade de posições originais. O argumento não esvazia a ideia de mérito na realização dos projetos que são idealizados ao longo da vida, mas, antes disso, a reforça na mesma medida que se estabelece que os competidores partirão em igualdade de condições. Só é possível dizer, de fato, que alguém chegou a um ponto mais distante que o outro, se eles tiveram como ponto de partida a mesma posição georreferencial. Caso contrário, o resultado será a iniquidade e a injustiça.

No artigo *A justiça social na atuação econômico-contratual do Estado pelas ações afirmativas*, publicado nos Anais do IV Seminário Interinstitucional e Internacional para a efetivação dos Direitos Humanos na contemporaneidade, destaca-se que as ações afirmativas são um conjunto de políticas públicas que, partindo da constatação do implemento

---

[28] BRASIL. Supremo Tribunal Federal (Plenário). *Arguição de descumprimento de preceito fundamental 186/DF*[...]. Relator: Min. Ricardo Lewandowski, 26 abr. 2012.

[29] RAWLS. John. *Uma teoria da justiça*. 4. ed. São Paulo: Martins Fontes, 2016. p. 100.

da isonomia material, estabelecem um tratamento desigual a pessoas que, devido à sua heterogeneidade sociocultural, não estão em uma situação original de igualdade.[30]

A necessidade de implementação das ações afirmativas se justifica pelo fato de que, se os desiguais não forem tratados de forma distinta no acesso a determinados direitos, o Estado acabará aprofundando ainda mais as desigualdades, com todas as suas perniciosas consequências para a coesão social, ao invés de atuar para a promoção da isonomia. Em outras palavras, a realização do valor da igualdade somente se torna possível ao passo que se considere que os indivíduos não partem de um mesmo ponto para que possam atingir os seus projetos pessoais, ficando o poder público incumbido de atuar no sentido de mitigar essa situação.

O debate sobre a redução das desigualdades que, em síntese, remonta à antiga discussão que confronta um modelo de Estado Liberal com outro que se apoia na necessidade de interferência nas relações sociais é demasiado complexo. Ao contrário do que os mais açodados possam pensar, não se trata de uma política pública com aceitação unânime.

Os liberais, de um lado, se colocam veementemente contra qualquer intervenção do Estado nas relações sociais, mesmo que seja para permitir a redução das desigualdades diagnosticadas entre os diversos grupos que compõem a sociedade. O argumento usado para a essa oposição é simples: a partir do momento em que o poder público interfere nas relações sociais, acaba por relegar a um segundo plano a liberdade de cada indivíduo para desenvolver suas potencialidades e explorar o próprio esforço para obter os melhores resultados para o seu projeto de vida. De forma mais simples, significa que o Estado deve permitir que os indivíduos desempenhem os seus papéis sociais e sejam premiados com base no mérito do seu próprio esforço.

O economista norte-americano Sowell reúne vários argumentos opostos às ações afirmativas no seu país, dentre os quais: (i) os grupos não preferenciais buscam artifícios diversos para, de alguma forma, se ajustar a um grupo preferencial e, com isso, utilizarem-se do benefício da ação afirmativa; (ii) as ações afirmativas promovem uma alteração comportamental em ambos os grupos no sentido de não envidar seus

---

[30] LEITÃO, Gisella Maria Quaresma. A justiça social na atuação econômico-contratual do Estado pelas ações afirmativas. In: SEMINÁRIO INTERINSTITUCIONAL E INTERNACIONAL PARA A EFETIVAÇÃO DOS DIREITOS HUMANOS NA CONTEMPORANEIDADE, 4., 29-30 nov. 2022, Petrópolis. Anais [...]. Petrópolis: Universidade Católica de Petrópolis, 2022.

melhores esforços para o acesso a um direito, já que os preferenciais se apoiam em vagas reservadas ou critérios de menor seletividade, enquanto os não preferenciais deixam de concorrer pela crença de que, por mais que se dediquem, serão prejudicados pelas restrições de acesso impostas; (iii) há perdas sociais pelo surgimento de um "ressentimento intergrupos", haja vista que os não preferenciais entendem estar sendo violado o seu direito de justiça para que seja protegido o dos preferenciais; (iv) a ausência de uma base empírica concreta para que se possa dizer que as ações afirmativas promoveram, de fato, a redução das desigualdades.[31]

O discurso do prêmio em função do mérito para a concretização dos valores da justiça é um argumento sedutor, mas, ao mesmo tempo, se consubstancia em uma falácia em uma sociedade como a brasileira, que tem, como já mencionado, a desigualdade como um traço indelével da estrutura desde a sua formação. Nunca é demais relembrar que nem todos disputam, em igualdade real de condições, o êxito dos seus projetos pessoais. Contudo a realidade socioeconômica desde o nascimento faz com que alguns tenham "maior aptidão" para atingir os seus objetivos do que os outros.

Beira a obviedade dizer que a situação de desigualdade originária entre certos grupos da sociedade aniquila, em grande parte, senão por completo, o argumento liberal de que a pessoa depende apenas do seu próprio esforço para ascender no plano socioeconômico, notadamente porque certos direitos são, materialmente, inacessíveis.

Essa questão é muito bem trabalhada pelo professor de Filosofia da Universidade de Harvard, Michael Joseph Sandel, que parte de um caso específico para demonstrar que não se pode falar em tratamento isonômico em um corpo social marcado pelo desequilíbrio abissal entre diversos grupos, porque os espaços com diversidade são reduzidos principalmente após o processo de globalização econômica e a popularização do discurso do sucesso a partir do mérito, que se tornou algo repetido à exaustão. Ocorre, pois, a sensação daqueles que se situam nas camadas socioeconômicas mais privilegiadas, que obtiveram sucesso exclusivamente de seu esforço, ignoram os dados da realidade dos menos favorecidos e que, por isso, possuem chances reduzidas de ascensão.[32]

---

[31] SOWELL, Thomas. *Ação afirmativa ao redor do mundo*. Tradução Joubert de Oliveira Brízida. São Paulo: É Realizações, 2016.
[32] SANDEL, Michael Joseph. *A tirania do mérito*: o que aconteceu com o bem comum. Tradução de Bhuvi Libanio. 5. ed. Rio de Janeiro: Civilização Brasileira, 2021. p. 324.

Ao contrário do que possa parecer, posicionar-se a favor das ações afirmativas não significa reduzir o valor do mérito individual na ascensão socioeconômica. A lógica do esforço continua sendo um importante vetor para a concretização de objetivos, contudo, se estabelece uma desequiparação entre grupos que, em sua origem, não ocupam a mesma posição no acesso a direitos e oportunidades. Entre os iguais, o esforço continuará a representar um dos mais importantes parâmetros para atingir objetivos.

As ações afirmativas representam, portanto, a efetivação do projeto constitucional de redução de desigualdades.

1.6 A inclusão das ações afirmativas nas Leis Gerais de Licitações

É interessante observar que essa lógica de que o poder público deve interferir nas relações sociais para possibilitar a redução de desigualdades, por meio das ações afirmativas, parece ter ecoado, também, no campo das licitações públicas.

Se, em tempos remotos, a licitação assumia uma posição de neutralidade nesse aspecto, limitando-se à busca daquela proposta mais conveniente para a Administração Pública sob o ponto de vista econômico, as recentes alterações legislativas têm acenado em direção diversa e conduzido o Estado, como agente econômico, para um lugar mais proativo na solução das desigualdades.

Em obra que se dedica ao estudo do Direito Antidiscriminatório, Moreira pontua que o paradigma constitucional vigente coloca o Estado como um agente comprometido com as transformações sociais, principalmente pelo estabelecimento de mecanismos legais para inclusão de pessoas vulneráveis.[33]

Nessa via, Tourinho é categórica:

> Nada impede, no entanto, que ações afirmativas sejam efetivadas através de processos licitatórios e, consequentemente, por meio das contratações públicas. Pode-se afirmar que a própria evolução administrativa, quanto aos reais objetivos da licitação no nosso ordenamento jurídico, faz com que tal processo seja também utilizado para minimizar as diferenças

---

[33] MOREIRA, Adilson José. *Tratado de Direito Antidiscriminatório*. São Paulo: Contracorrente, 2020. p. 58.

sociais presentes na sociedade. [...] Conforme já exposto, não se pode mais negar a possibilidade de adoção de ações afirmativas em processos licitatórios no ordenamento jurídico brasileiro. Tal viabilidade, existente no nosso ordenamento desde a introdução do princípio da isonomia como um dos objetivos da licitação, reforça-se com a previsão do desenvolvimento nacional sustentável (leia-se princípio da sustentabilidade), também como finalidade a ser alcançada nos processos licitatórios.[34]

O exame das principais alterações legislativas que tornaram as licitações socialmente engajadas na redução das desigualdades se faz importante, a partir de agora, para a compreensão dessa transição.

Registra-se, como primeira alteração legislativa, mesmo que tímida, aquela promovida pela Lei nº 8.883/1994, que incluiu os incisos XIII e XX no artigo 24 da Lei nº 8.666/1993. O primeiro foi o responsável por dispensar a licitação na contratação de entidades, com vistas à recuperação social do preso, enquanto o segundo possibilitou a contratação de associação sem fins lucrativos de portadores de deficiência física para a prestação de serviços ou fornecimento de mão de obra.

Após isso, a Lei nº 13.146/2015 inseriu o inciso V no parágrafo 2º e o inciso II no parágrafo 5º no artigo 3º da Lei nº 8.666/1993, definindo os critérios de desempate e a margem de preferência para concorrentes que têm entre seus funcionários pessoas com deficiência ou em reabilitação no Sistema de Previdência Social.

Por fim, o artigo 40, parágrafo 5º, da Lei nº 8.666/1993, inserido pela Lei nº 13.500/2017, autoriza que a Administração Pública exija, no edital de licitação, que a contratada tenha um percentual de mão de obra oriundo ou egresso do sistema prisional, com a finalidade de ressocialização do reeducando.

Essa conjuntura normativa permite dizer que, ao menos desde meados dos anos 1990, as licitações públicas passaram a desempenhar um importante papel na diminuição das desigualdades, principalmente devido às mudanças promovidas no marco geral de sua regulamentação, que aponta um compromisso ético do sistema jurídico brasileiro com a redução das desigualdades em prol de grupos de indivíduos em situação de vulnerabilidade por ele selecionados. Os deficientes, os trabalhadores em reabilitação e os egressos do sistema carcerário compõem

---

[34] TOURINHO, Rita. Ações afirmativas nas licitações públicas: o alcance da sustentabilidade social. *Revista do Ministério Público do Rio de Janeiro*, Rio de Janeiro, n. 51, jan./mar. 2014.

grupos que necessitam de uma atuação firme do poder público para que surjam oportunidades para a sua inclusão plena na sociedade.

Tais avanços simbolizam a preocupação explícita do ordenamento jurídico em proteger determinados grupos marginalizados pelo mercado formal de trabalho, mas, como bem aponta Fenilli, trata-se de previsão prescindível na nova lei, posto que sua defesa seria possível em espaço normativo próprio.[35]

O Decreto nº 9.571/2018 também caminha nessa mesma direção ao estabelecer as Diretrizes Nacionais sobre Empresas e Direitos Humanos e, em seu artigo 3º, inciso XIII, prever o dever do Estado em estimular a promoção e o apoio às medidas de inclusão e de não discriminação como diretriz, a partir da criação de programas de incentivos para contratação de grupos vulneráveis.

Quase duas décadas após a criação da Lei nº 8.666/1993, a Lei nº 14.133/2021 surgiu como o novo marco legal geral para o procedimento licitatório e não ficou à margem das críticas, apesar de sua recente criação. Alguns doutrinadores criticam a discrição do legislador na implementação de um regramento mais moderno, todavia revelando-se improcedente tal crítica no campo das ações afirmativas.

A nova lei, ao caminhar no mesmo sentido do que já se revelava na legislação que a antecedeu, empregou uma função social às licitações. Notadamente, o novo microssistema abraçou as reformas havidas na lei anterior, posto que manteve a previsão de que o procedimento se destina a apurar a melhor proposta para a satisfação do interesse público a partir de parâmetros diversos de escolha pelo administrador.

Um argumento de cunho normativo que comprova essa afirmação é a inclusão da ideia de desenvolvimento nacional sustentável, com todos os seus consectários, logo nos seus primeiros artigos, tratando-se de um relevante referencial hermenêutico para todos os demais dispositivos da lei, ao mesmo tempo que se trata de um dos objetivos de qualquer processo de aquisição pública de bens e serviços. É o que decorre dos artigos 5º e 11, inciso IV, da Lei nº 14.133/2021.

Destaque-se, a esse respeito, o que dispõe o seu artigo 25, parágrafo 9º que, de forma acertada, reserva uma parcela dos postos formais de emprego do contratado pelo poder público para as mulheres que se encontrem em situação de violência de gênero e aos egressos

---

[35] FENILLI, Renato. *Governança em aquisições públicas:* teoria e prática à luz da realidade sociológica. Niterói: Impetus, 2018. p. 151.

do sistema prisional. Em ambos os casos, o acesso ao mercado formal de trabalho representa uma ponte necessária para que diversos outros direitos sejam exercidos e, sem dúvida, trata-se de grupos que enfrentam maiores dificuldades para nele ingressarem.

Já o artigo 60, inciso III, da mesma lei, estabelece que um dos critérios de desempate entre os concorrentes no procedimento licitatório é a implementação, na sua estrutura empresarial, de ações que sejam tendentes a assegurar a equidade entre homens e mulheres no ambiente laborativo.

Na doutrina, é interessante a percepção de Ferreira e Maciel Filho:

> Como se vê, a raça e gênero, dentre outros critérios, passar a ser "fator positivo" para o equilíbrio nas relações de trabalho e emprego. A doutrina mais atenta explica que a percepção da desigualdade dos desiguais (e o correspondente tratamento) são formas de promover a igualdade dos que foram e são marginalizados pelos preconceitos típicos da cultura dominante da sociedade. Constata-se, assim que não basta proibir, eis que é preciso também promover (fomentar), tornando rotineira a observância dos princípios da diversidade e do pluralismo, de maneira que ocorra uma significativa mudança no comportamento social, mudando assim seus costumes, sua moral e sua história e, por que não, o seu ordenamento jurídico.[36]

Logo que a nova lei foi publicada, recebeu duras críticas em razão da opção adotada pelo legislador, ou seja, por eleger grupos vulneráveis como seus beneficiários, assim como acontece quando o tema é ações afirmativas. Os questionamentos se dirigem, de forma quase unânime, a aspectos de natureza econômica, pois entendem que a adoção de ações afirmativas no processo de licitação pública poderia comprometer a economicidade, haja vista que acabaria por impor um ônus adicional ao particular que contrata com a Administração Pública. Ainda, sustentam que haveria uma quebra da liberdade de iniciativa e a entrega ao particular de uma obrigação que seria devida pelo Estado, como se vê, por exemplo, na obra de Justen Filho:

> O problema reside na desnaturação da licitação e da contratação administrativa. Tais regras implicam atribuir a um particular, que atua

---

[36] FERREIRA, Daniel; MACIEL FILHO, Fernando Paulo da Silva. O trabalho dos discriminados estimulado pelas licitações e pelos contratos administrativos. *Revista Jurídica*, Curitiba, v. 1, n. 30, p. 312-340, 2013. p. 323.

com autonomia segundo os postulados da livre-iniciativa, o dever de incorporar em sua força de trabalho pessoas caracterizadas não por atributos pertinentes à execução da prestação, mas a infortúnios ocorridos no passado. Essa solução infringe o art. 170 da CF/1988, ampliando os riscos de o particular contratar pessoa destituída das condições adequadas ao atendimento das determinações contratuais. Essas determinações afetam a eficiência econômica na prestação dos serviços por parte do particular. Implicam elevação de custos, inclusive em vista de riscos que são atribuídos compulsoriamente ao contratado. Eventual vício na execução da prestação, imputável à atuação defeituosa dos empregados escolhidos pelo particular, será de responsabilidade dele. [...] Mais ainda, o Estado transfere ao particular, responsabilidades que são tipicamente públicas. A recuperação do preso envolve uma complexa pluralidade de intervenções, cuja condução incumbe privativamente ao Estado.[37]

A crítica pode ser contraposta e a providência do legislador comemorada, com base no argumento de que a igualdade a que o texto constitucional aspira possui viés material, ou seja, que compreende a necessidade de que, em certos casos, se dispense um tratamento desigual entre os indivíduos. Demais disso, os dispositivos mantêm uma nítida correlação com o princípio da dignidade da pessoa humana que, como dito outras vezes, é um valor central da ordem jurídica vigente.

Sustentar que a implementação das providências para superar um quadro de desigualdade seria uma obrigação exclusiva do Estado e que, por isso, não poderia ser entregue ao particular, parece ser um enfrentamento da questão de maneira monocular. A dignidade da pessoa, de onde se extraem as ações afirmativas para a redução das desigualdades, não é um valor que deve refletir uma preocupação do poder público somente, mas, na verdade, dos setores da sociedade como um todo. Ora, se é admitido, contemporaneamente, que se possa exigir a isonomia nas relações havidas entre os particulares, com muito mais razão, deverá ser exigida quando estiver envolvido o Estado.

A motivação econômica é ainda mais equivocada como argumento apto a refutar a inclusão das licitações públicas com função social. Ao selecionar uma proposta como a mais vantajosa para satisfazer um interesse público, não é considerado apenas o elemento da economicidade, mas diversos outros fatores que tenham sido eleitos razoavelmente pelo administrador do ato convocatório e explicitados aos concorrentes

---

[37] JUSTEN FILHO, Marçal. *Comentários à Lei de Licitações e Contratações Administrativas*: Lei 14.133/2021. São Paulo: Revista dos Tribunais, 2021. p. 421.

no certame. Nada impede, para satisfazer o interesse público de uma sociedade mais igualitária, que um dos parâmetros avaliados seja a utilização de grupos vulneráveis como fonte de mão de obra.

Por fim, quando se fala em livre iniciativa, não se pode olvidar de que o Estado não impõe a quem quer que seja a participação no certame quando publica o ato convocatório para que o particular interessado possa com ele contratar. O que se quer dizer é que o particular que não queira atender às exigências do poder público, seja o valor estabelecido como balizamento para a contratação, seja a presença de pessoas em situação de vulnerabilidade como parte da mão de obra, pode, simplesmente, não concorrer. A participação em um processo de licitação é a manifestação explícita de um ato de vontade do particular que deseja estabelecer um vínculo negocial com o Estado e, nesse momento, exercer sua liberdade de contratar.

Niebuhr, em apertada síntese, cita ainda outros argumentos para criticar a utilização das licitações como instrumento de políticas públicas, quais sejam: (i) não se pode incluir todas as políticas públicas no regime das licitações, pois deve haver um estudo minimamente confiável e planejado para a escolha daquelas, sob pena de inviabilizar o instituto destas; (ii) a parte final do artigo 37, inciso XXI, prescreve que a lei somente deverá permitir "as exigências de qualificação técnica e econômica indispensáveis à garantia do cumprimento das obrigações", desse modo, não poderia o legislador formular outras exigências além daquelas indispensáveis à garantia do cumprimento das obrigações; (iii) o procedimento licitatório não pode servir de panaceia das políticas públicas e do desenvolvimento nacional sustentável, uma vez que o Estado possui instrumentos mais eficientes e eficazes para tanto.[38]

Apesar desse entendimento, não se pode ignorar, repita-se, que a ordem jurídica brasileira vigente é informada, em sua centralidade, pelo princípio da dignidade da pessoa, o qual impõe a sua observância pelo poder público e pelos particulares, como já destacado na citação de Daniel Sarmento. Ademais, o objetivo de construção de uma sociedade livre, justa, solidária, com a promoção do bem de todos e a erradicação da pobreza, como estabelece o artigo 1º da Constituição, não é um escopo de ação apenas do Estado, mas partilhado por todos, inclusive por aqueles que pretendem contratar com o poder público.

---

[38] NIEBUHR, Joel de Menezes. Crítica à utilização das licitações públicas como instrumento de políticas públicas. *Direito do Estado,* 26 ago. 2016.

Barreto, em obra coletiva organizada por Sarai, aponta as dificuldades para a implementação do Decreto nº 9.450/2018, que instituiu a Política Nacional de Trabalho no âmbito do Sistema Prisional, voltada à ampliação e qualificação da oferta de vagas de trabalho, ao empreendedorismo e à formação profissional das pessoas presas e egressas do sistema prisional, e regulamentou o parágrafo 5º, do artigo 40, da Lei nº 8.666/1993, a partir do Parecer nº 00002/2018/CPLCA/CGU/AGU, da Câmara Permanente de Licitações e Contratos da Consultoria Jurídica da União, órgão da Advocacia-Geral da União, sobre o que tece os seguintes comentários:

> 45. A aplicação apressada e literal do Decreto pode gerar uma enorme dificuldade operacional, na medida em que não é possível simplesmente transferir para as empresas licitantes toda a responsabilidade por providenciar a contratação de pessoas presas e egressas, uma vez que a implementação da Pnat demanda a integração de diversos órgãos públicos e da própria comunidade na admissão dos antigos infratores ao convívio social.
> 46. Fica evidente que é preciso complementar a Pnat com outros instrumentos para permitir a efetivação do programa, com a necessária integração entre os entes governamentais e a sociedade civil.
> 47. Conforme explica Guilherme Nucci, havendo integração da comunidade, através de organismos representativos, no acompanhamento da execução das penas, torna-se maior a probabilidade de recuperação do condenado, até por que, quando findar a pena, possivelmente já terá apoio garantido para a sua reinserção social, morment no mercado de trabalho (art. 4º, LEP). Para tanto, são previstos como órgãos da execução penal o Patronato (art. 78 e 79, LEP) e o Conselho da Comunidade (art. 80 e 81, LEP) (NUCCI, Guilherme de Souza, Op. cit., p. 1007).
> 48. Essa integração com a comunidade e a necessidade de coordenação intragovernamental para executar o Pnat foi prevista no próprio Decreto 9.450, de 2018, ao estabelecer a necessidade de articulação entre diversos órgãos governamentais e da sociedade civil para a implementação do programa, à luz do disposto nos §§ 2º a 4º do seu art. 1º: [...]
> 49. Assim, apesar do Decreto 9.450, de 2018, prever que as parcerias entre os órgãos governamentais e entidades privadas para implementação é uma possibilidade, a melhor leitura é que a formalização dos convênios e acordos de cooperação não é só possível, mas essencial e fundamental para a correta operacionalização da Política Nacional de Trabalho no âmbito do Sistema Prisional, em especial a reserva de vagas nos contratos de terceirização de serviços pela Administração Pública Federal.

50. Tenha-se em mente que a administração penitenciária é, em regra, exercida pelos órgãos estaduais, sendo poucos os presídios federais no país, o que demanda uma interação entre as esferas federativas.
51. Sem esses instrumentos complementares, a Pnat será praticamente inviabilizada no âmbito das contratações públicas federais, uma vez que o universo de pessoas beneficiadas pela reserva de vagas é muito vasto e heterogêneo, com regimes jurídicos de cumprimento de pena distintos, mas que não foram discriminados pelo Decreto 9.450, de 2018, conforme determina o § 1º do art. 1º do referido normativo, acima transcrito.
52. A toda evidência, somente com a especificação em documentos complementares é que será factível a reserva de vagas nos contratos de terceirização de serviços para a Administração Pública Federal.[39]

O Decreto nº 9.450/2018 poderia ser recebido, ao menos sob o aspecto formal, pela Lei nº 14.133/2021. No entanto, diante das controvérsias que surgem a partir da sua redação, seria recomendável, até mesmo para tornar possível que ele atendesse aos seus escopos na concretização de uma relevante política pública, o prévio trabalho de aperfeiçoamento. Em outras palavras, o Decreto precisaria ser melhorado para que pudesse atender à sua finalidade.

De todo modo, mesmo que o tema ainda careça de regulamentação, merece destaque que o novo marco legal das licitações aprofunda, ainda mais, a preocupação já latente de que a Administração Pública utilize o procedimento de contratações como um dos instrumentos para a redução do cenário de desigualdade histórica que se vê no Brasil, principalmente no sentido de implementação das ações afirmativas. A inclusão de mulheres vítimas de qualquer tipo de violência no mercado formal de trabalho, por exemplo, é essencial para a redução dos efeitos da misoginia histórica, que as mantém como grupo em especial situação de vulnerabilidade, garantindo que não sejam alvo de opressão financeira por seu agressor, assumindo ainda mais urgência no cenário pós-pandêmico, que registra o incremento nos dados de desemprego.

---

[39] BARRETO, Lucas Hayne Dantas; SARAI, Leandro (org.). *Tratado da Nova Lei de Licitações e Contratos Administrativos:* Lei 14.133/21 Comentada por Advogados Públicos. Salvador: JusPodivm, 2021. p. 491-492.

CAPÍTULO 2

DO DESENVOLVIMENTO NACIONAL SUSTENTÁVEL

Verificou-se, ao longo do primeiro capítulo, que a obediência aos valores constitucionais por todos os institutos jurídicos é uma necessidade, notadamente no que tange à atuação do Estado na satisfação dos interesses públicos. Observa-se, portanto, uma reformulação do que se compreendia ser o propósito das licitações públicas que, antes voltadas apenas à busca de um contrato mais vantajoso para o poder público, assume contemporaneamente um viés de intervenção no quadro de desigualdade social histórica.

É justamente devido a essa busca da redução das desigualdades sociais a partir do uso dos procedimentos licitatórios que a ideia de desenvolvimento sustentável neles se insere. Salienta-se que a sua relação com a concretização da igualdade faz com que a sustentabilidade torne-se muito mais do que uma nova característica do instituto, uma vez que passa a representar uma direção, inclusive para as reformas legislativas.

Diante do protagonismo da sustentabilidade para o estudo das licitações públicas, a análise conceitual e de sua natureza jurídica é indispensável.

2.1 Noções gerais sobre sustentabilidade

Antes de ingressar na busca por uma definição de sustentabilidade que se ajuste de forma mais adequada aos fins aqui previstos, deve-se esclarecer sobre a etimologia da palavra, cujas raízes estão no latim, da expressão *sustinere* que, na língua portuguesa, significa aguentar, apoiar, suportar.

É interessante observar que o termo, tomado em sua literalidade a partir do estudo linguístico, traduz uma relação entre dois elementos em que um dependerá da sustentação do outro. Como o presente contexto se volta ao enfrentamento de uma questão sociológica, a partir do manejo dos instrumentos jurídicos à disposição do poder público, a análise gramatical da expressão não é nem de longe suficiente, sendo premente a sua investigação sob a óptica de outras ciências.

O tema da sustentabilidade, além de importar à comunidade jurídica, também se revela atinente a diversas áreas do conhecimento, desde a biologia, passando pela economia até encontrar lugar no direito, do qual uma das missões é responder pertinentemente questões à sociedade que por ele é regulada.

Essa noção conceitual de sustentabilidade, portanto, se relaciona às licitações sob o aspecto normativo. De forma ainda mais específica, o referido conceito e a sua evolução são aqui buscados nos documentos que foram firmados pelo Brasil, como pessoa jurídica de direito internacional, na Organização das Nações Unidas (ONU).

O uso massivo da expressão "desenvolvimento sustentável" contribuiu seguramente para que as questões a ela relacionadas alcançassem não apenas os espaços de conhecimento formais, como a academia, mas, como se fosse um efeito deletério, para provocar uma distorção em seu real conceito.

Aqueles que se dedicam a pesquisar sobre a sustentabilidade, em sua maioria, entendem que sua origem se dá com a mudança de paradigma de modelo econômico, porque, antes dela, o que havia era o estímulo ao consumo, de modo ilimitado, como força motriz para o desenvolvimento econômico dos países. A partir do último quarto do século XX, passou-se a indagar se o planeta suportaria a degradação resultante dessa postura, e tanto isso é verdade que, em agosto de 1979, registrou-se pela primeira vez o emprego da referida expressão em um documento da ONU.

O conceito de sustentabilidade é plurissignificativo e sua conexão com o instituto das licitações exige que se apresente o que foi elaborado no Relatório de Brundtland. Na década de 1970, surgiu o Clube de Roma, que se consubstanciava em uma equipe multidisciplinar de pesquisadores reunidos com o objetivo de avaliar questões de ordem política, econômica e social relacionadas à questão ambiental.

Dos trabalhos desses cientistas, em 1972, resultou o documento *Limits to growth* – Os limites do crescimento, que promoveu uma série de debates na seara acadêmica sobre o meio ambiente, os diversos agentes econômicos e a sociedade.

Com propriedade, Boff destaca:

> O alarme ecológico provocado por este relatório levou a ONU a ocupar-se do tema. Assim realizou entre 5-16 de junho de 1972 em Estocolmo a "Primeira Conferência Mundial sobre o Homem e o Meio Ambiente". Os resultados não foram significativos, mas seu melhor fruto foi a decisão de criar o Programa das Nações Unidas para o Meio Ambiente (Pnuma).[40]

O Relatório de Brundtland, apresentado em 1987, recebeu o título *Nosso futuro comum*, em livre tradução da expressão inglesa *our common future*, considerado o documento disseminador da ideia de sustentabilidade, e ganhou esse nome em homenagem à Primeira-Ministra da Noruega, Gro Harlem Brundtland, coordenadora do trabalho que foi apresentado na Comissão Mundial sobre Meio Ambiente e Desenvolvimento.

Partindo da constatação de que o modo de produção dos países industrializados, pautados pelo incentivo ao consumo, é incompatível com um planeta cujos recursos naturais são finitos e cada vez mais escassos, e de que essa prática prejudica os países ainda em desenvolvimento industrial, aumentando ainda mais a sua condição de vulnerabilidade econômica e ecológica, o relatório propôs uma série de medidas que buscam, ao final, preservar a existência da humanidade.

Pelo Relatório de Brundtland, o desenvolvimento sustentável é aquele em que se dá uma exploração racional dos recursos naturais, para atender da melhor forma possível às necessidades de subsistência da geração atual, sem que isso inviabilize o atendimento das demandas da geração seguinte. O conceito reflete um pacto de solidariedade entre as diversas gerações, no qual a geração presente utiliza os recursos naturais com a consciência de que precisa manter o suficiente para que aquela que a sucederá possa igualmente usufruir dos mesmos recursos. De forma sintética e, em outras palavras, significa dizer que as futuras gerações merecem a mesma atenção que a atual na satisfação das suas necessidades.

---

[40] BOFF, Leonardo. *Sustentabilidade*: o que é – o que não é. Petrópolis: Vozes, 2012. p. 34.

Sob a total influência dos estudos do referido relatório, o *caput* do artigo 225 da Constituição de 1988 é expresso ao consignar que se impõe ao Poder Público e à coletividade o dever de defender e preservar o meio ambiente para as presentes e futuras gerações.

O cerne do Relatório Brundtland era a questão ambiental e, por isso, ele dedicava especial atenção à questão ecológica. O elemento social da sustentabilidade passa a ser tratado depois, em meados dos anos 1990.

Como consectário direto das conclusões desse documento, e com o escopo de aprofundar os estudos até então apresentados, ao mesmo tempo que a questão ambiental surge como uma pauta indispensável para a humanidade, a Assembleia das Nações Unidas, órgão de maior ascendência na estrutura da ONU, convocou a Conferência sobre Meio Ambiente e Desenvolvimento, realizada na cidade do Rio de Janeiro, em 1992, em que culminou uma Carta que assevera que

> Todos os Estados e todos os indivíduos devem, como requisito indispensável para o desenvolvimento sustentável, cooperar na tarefa essencial de erradicar a pobreza, de forma de reduzir as disparidades nos padrões de vida e melhor atender as necessidades da maioria da população do mundo.[41]

É a partir desse marco, no qual a sustentabilidade transborda os limites ambientais para atingir as questões sociais, que o interesse pelo assunto adquire relevância para a discussão: a ONU, em seu sítio eletrônico, informa que a Agenda 21 recomendou meios para obter o desenvolvimento sustentável que fortalecessem o papel desempenhado por mulheres, organizações sindicais, agricultores, crianças e jovens, povos indígenas, comunidade científica, autoridades locais, empresas, indústrias e ONGs.

Uma década após o histórico evento da Rio-92, a cidade de Joanesburgo, na África do Sul, sediou a Cúpula Mundial sobre Desenvolvimento Sustentável que resultou na criação do Plano de Implementação de Joanesburgo, que estipulava que os Estados signatários realizassem ações concretas em diversos níveis para estabelecer uma relação de cooperação entre os povos no sentido de concretizar o projeto de um desenvolvimento sustentável, muito embora tal proposta

---

[41] CONFERÊNCIA DAS NAÇÕES UNIDAS SOBRE MEIO AMBIENTE E DESENVOLVIMENTO. *Declaração do Rio de Janeiro*, Rio de Janeiro, em 14 de junho de 1992.

não tenha sido devidamente tratada como foco do evento, conforme registrou Boff:

> Joanesburgo terminou numa grande frustração, pois se perdeu o sentido de inclusão e de cooperação, predominando decisões unilaterais das nações ricas, apoiadas pelas grandes corporações e os países produtores de petróleo. A questão da salvaguarda do planeta e da preservação de nossa civilização foi apenas referida marginalmente. Falou-se de sustentabilidade, mas sem constituir a preocupação central.[42]

Já em 2012, a cidade do Rio de Janeiro voltava a sediar um evento da ONU, a Conferência da Terra, com a mesma temática meio ambiente e sustentabilidade, duas décadas após a realização da primeira – daí o apelido Rio+20. Na ocasião, reuniram-se diversos líderes mundiais e de organizações não governamentais com o intuito de discutir e firmar um acordo de ação que fosse capaz de conciliar desenvolvimento econômico, bem-estar social e preservação do meio ambiente. As questões que eram usualmente analisadas de forma isolada passaram a ser investigadas em conjunto, de modo que exercessem influência direta recíproca.

Resumidamente, o evento reuniu dois grandes blocos de países em torno da questão: enquanto os "países ricos" defendiam um modelo econômico baseado em uma transição gradativa ao longo dos anos para uma "economia verde", os "países pobres e emergentes" demandavam o suporte daqueles nessa tarefa. Em suma, enquanto os países ricos afirmavam a necessidade de implementação de um modelo econômico que não implicasse a degradação completa, os países pobres e em desenvolvimento somente vislumbravam a possibilidade de contribuir para esse cenário se recebessem alguma espécie de suporte.

Similarmente à Cúpula de Joanesburgo, o resultado da Rio+20, no que se referiu à sustentabilidade, foi considerado tímido por alguns estudiosos da matéria, ao ressaltarem que o grande entrave se deu pelo fato de que cada país tinha seu interesse baseado na sua própria situação econômica e política. Contudo, os especialistas são uníssonos em afirmar que o principal avanço obtido a partir da conferência foi a presença do setor privado nas discussões e na proposição de soluções.

---

[42] BOFF, Leonardo. *Sustentabilidade*: o que é – o que não é. Petrópolis: Vozes, 2012. p. 36.

Alguns itens devem ser destacados da Declaração do Rio sobre meio ambiente e desenvolvimento, que resultou dos trabalhos da Conferência Rio+20:

> 12: [...] tomar medidas urgentes para alcançar o desenvolvimento sustentável. Portanto, renovamos nosso compromisso com o desenvolvimento sustentável, avaliação dos progressos até à data e as lacunas na implementação dos resultados das cimeiras mais importantes sobre o desenvolvimento sustentável e enfrentar desafios novos e emergentes; 39: [...] a fim de alcançar um justo equilíbrio entre as necessidades econômicas, sociais e meio ambiente das gerações presentes e futuras, é necessário promover a harmonia com a natureza; 42: [...] papel fundamental de todos os níveis de governo e órgãos legislativos na promoção do desenvolvimento sustentável. Também reconhecemos os esforços e os progressos realizados nos níveis locais e subnacionais, bem como reconhecemos o papel importante que as autoridades locais, subnacionais e as comunidades podem desempenhar na implementação do desenvolvimento sustentável, inclusive aproximando-se dos cidadãos e das partes interessadas, e fornecendo-lhes as informações pertinentes, conforme o caso, às três dimensões do desenvolvimento sustentável; 46: [...] que a implementação do desenvolvimento sustentável dependerá envolvimento ativo de ambos os setores público e privado, 48: [...] importante contribuição da comunidade científica e tecnológica para o desenvolvimento sustentável; [...] Por isso, resolvemos reforçar o quadro institucional para o desenvolvimento sustentável, que, entre outras ações: a) Promoverá a integração equilibrada das três dimensões do desenvolvimento sustentável.[43]

Percebe-se nesses enunciados uma indisfarçável preocupação da comunidade internacional com a sustentabilidade ambiental, devido ao aprofundamento das crises impostas por eventos climáticos extremos que colocam em xeque, inclusive, a segurança alimentar da população e o acesso à água potável. Todavia, passa a existir uma outra nuance da sustentabilidade ligada aos aspectos econômicos e sociais.

Por fim, em 2015, a ONU propôs aos seus membros a elaboração de uma nova agenda de desenvolvimento sustentável a ser implementada durante os 30 anos seguintes. Esse documento, intitulado Agenda 2030, é composto por 17 Objetivos de Desenvolvimento Sustentável (ODS).

---

[43] CONFERÊNCIA DAS NAÇÕES UNIDAS SOBRE DESENVOLVIMENTO SUSTENTÁVEL. *Declaração do Rio sobre meio ambiente e desenvolvimento*, Rio de Janeiro, em 22 de junho de 2012.

Conforme define a ONU, "Os Objetivos de Desenvolvimento Sustentável são um apelo global à ação para acabar com a pobreza, proteger o meio ambiente e o clima e garantir que as pessoas, em todos os lugares, possam desfrutar de paz e de prosperidade."[44] Vê-se que a relevância da Agenda 2030 se consubstancia como um dos marcos históricos do tratamento da sustentabilidade.

Com base no documento *Nosso futuro comum*, o britânico John Elkington elaborou a ideia de *triple bottom line*, segundo a qual o desenvolvimento sustentável estaria estruturado sobre três bases: social, econômica e ambiental. O discurso que circunda a sustentabilidade não pode ficar encapsulado em seu viés ecológico, e deve considerar necessariamente os elementos econômicos e sociais. A sua teoria foi originariamente elaborada para o ambiente corporativo, contudo foi rapidamente absorvida por outros setores, entre eles a Administração Pública.

Quando a teoria do *triple bottom line* é transplantada para o Direito Administrativo, tem-se que os seus elementos constitutivos devem estar inseridos nos contratos de direito público que a Administração Pública firma com os particulares.

2.2 As dimensões da sustentabilidade

O conceito de sustentabilidade permeia diversos campos da ciência e, conduzido para o debate jurídico, importa em um vetor axiológico dos mais relevantes para que a ordem jurídica atenda à sua dimensão ética, ao mesmo tempo que concretiza o bem-estar social e a solidariedade intergeracional.

Sobre o tripé da sustentabilidade, que tem sua gênese na teoria do *triple bottom line* dada por Elkington, Caldas, citando Favaretto, ensina que:

> Criado em 1994 por Elkington (2004), o termo *triple bottom line* significa que todas as entidades, governamentais ou não, no desempenho de suas atividades, necessitam observar um viés não meramente social ou econômico, mas também ambiental para um desenvolvimento havido por sustentável. A definição de Elkington (2004), claramente direcionada

---

[44] ORGANIZAÇÃO DAS NAÇÕES UNIDAS. *Os objetivos de desenvolvimento sustentável no Brasil*. 2022.

para o universo corporativo, baseava-se nos ditos 3Ps, quais sejam, *profit* (lucro), *people* (pessoas) e *planet* (planeta), inspirando, na atualidade, um comportamento empresarial de investimentos preocupados não apenas com questões puramente econômicas, mas também ambientais, sociais e de governança, as quais se traduzem pelo acrônimo EESG (*economic, environmental, social* e *governance*).[45]

Nessa mesma linha de pensamento, saliente-se que o desenvolvimento sustentável não deve se restringir às questões ligadas ao ambientalismo, a despeito de serem importantíssimas, não são as únicas a serem consideradas, principalmente no que concerne às contratações públicas. Há, portanto, outros aspectos, como o social, o econômico e o cultural, que formam um complexo arcabouço para a atuação estatal que, por sua vez, deve ser pautada sempre na ética, na transparência e na integridade.

Para Ignacy Sachs, estudioso polonês que foi referência mundial em ecodesenvolvimento, conhecido como ecossocioeconomista, por ter concebido desenvolvimento como uma aglutinação entre crescimento econômico, bem-estar social igualitário e preservação ambiental, a sustentabilidade é dotada de cinco dimensões, de acordo com sua teoria do ecodesenvolvimento, que defende o crescimento econômico integrado ao desenvolvimento social e à proteção do meio ambiente, a partir de cinco pilares de sustentabilidade, a saber: sustentabilidade social, sustentabilidade econômica, sustentabilidade ecológica, sustentabilidade espacial e a sustentabilidade cultural.[46] Assim, o desenvolvimento pressupõe um planejamento baseado nessas dimensões.

A primeira delas, a sustentabilidade social, é aquela que leva em consideração a necessidade de que a sociedade, de forma geral, se desenvolva em direção a minimizar as desigualdades e situações de vulnerabilidade de grupos marginalizados. O que se busca com esse viés é permitir uma distribuição de recursos – renda e bens de produção – mais equânime, impedindo que alguns grupos detenham riqueza em excesso em detrimento de outros que não conseguem obter sequer o essencial para a sua subsistência. Dito de outra forma,

---

[45] FAVARETTO, Sonia. As 4 fases do EESG. *Revista RI - Relações com Investidores*, Rio de Janeiro, n. 244, set. 2020.
[46] SACHS, Ignacy. Estratégias de transição para o século XXI. *In*: BURSZTYN, Marcel. *Para pensar o desenvolvimento sustentável*. São Paulo: Brasiliense, 1993. p. 29-56.

a sustentabilidade social está diretamente ligada ao ideal de igualdade material entre os indivíduos.

Já a sustentabilidade econômica busca o emprego dos recursos financeiros não somente com base na sua rentabilidade, mas também a partir de aspectos macrossociais que conferem ao capital uma função social, segundo a qual a sociedade também se beneficia do processo de incremento da riqueza capitalista.

A sustentabilidade ecológica leva em consideração que alguns dos recursos disponíveis na natureza são escassos e, sobretudo, não renováveis, razão pela qual o seu uso deve ser o mais racional possível, uma vez que sua utilização descontrolada causará prejuízo, quiçá inviabilização, do atendimento das necessidades das gerações futuras. Por esse motivo, mencionada dimensão pressupõe: a) limitação do uso de todos os recursos que não sejam renováveis; b) estímulo a uma economia que dispense os recursos não renováveis; c) redução da poluição e incremento da reciclagem de materiais; d) conscientização das práticas de consumo; e) incentivo à pesquisa para a descoberta de tecnologias limpas; f) fixação de critérios normativos claros capazes de proteger o meio ambiente.

Sustentabilidade espacial é a que se empenha para que haja a integração entre as zonas rurais e urbanas, de maneira que sejam mais bem distribuídas para que os seus espaços comportem, de forma otimizada, o desempenho das atividades humanas típicas de cada uma delas.

Por fim, há a dimensão da sustentabilidade cultural, que leva em consideração os elementos culturais de cada local, cujas atividades neles desempenhadas deverão considerar as suas características próprias. Qualquer atividade local deve atender à preservação do conhecimento do grupo.

Dada sua clareza ao abordar a teoria de Sachs, vale citar o destaque dado por Cunda e Villac, em artigo publicado na coletânea coordenada por Warpechowski, Godinho e Iocken:

> [...] Ignacy Sachs sustenta que o ecodesenvolvimento tem cinco dimensões: uma dimensão social, que tem como meta a construção de uma civilização com maior equidade na distribuição de renda e bens; uma dimensão econômica, mediante o gerenciamento eficiente dos recursos e constantes investimentos públicos e privados, com o zelo de amenizar configurações externas negativas; uma dimensão ecológica, mediante o uso potencial de recursos dos ecossistemas com o mínimo de dano possível, limitação do consumo dos recursos esgotáveis ou danosos ao

meio ambiente e substituição por recursos renováveis, redução do volume de resíduos e poluição em suas diversas formas e definição de normas para a adequada proteção ambiental; uma dimensão espacial ou territorial dirigida para a obtenção de um maior equilíbrio rural-urbano, mediante melhor distribuição territorial de assentamentos urbanos e atividades econômicas; e, por fim, uma dimensão cultural, com busca de processos de modernização e de sistemas agrícolas integrados, sem desconsiderar a continuidade cultural, aspectos que devem traduzir o conceito normativo de ecodesenvolvimento em consonância com soluções específicas para o local com suas peculiaridades culturais e do ecossistema.[47]

Essa ideia de um ecodesenvolvimento sustentável pautado nos cinco espectros de sustentabilidade influenciou a produção científica no Brasil, o que, talvez, se deva à passagem do ilustre polonês por terras brasileiras, ao ter deixado seu valoroso legado, tanto que, na quase unanimidade das obras que se debruçam sobre o tema, o conceito de desenvolvimento sustentável se pauta pelos cinco aspectos delineados em sua teoria. É o caso, por exemplo, de Freitas (2019) quando conceitua sustentabilidade:

> Trata-se do princípio constitucional que determina, com eficácia direta e imediata, a responsabilidade do Estado e da sociedade pela concretização solidária do desenvolvimento material e imaterial, socialmente inclusivo, durável e equânime, ambientalmente limpo, inovador, ético e eficiente, no intuito de assegurar, preferencialmente de modo preventivo e precavido, no presente e no futuro, o direito do bem-estar.[48]

Freitas ainda leciona que a sustentabilidade é multidimensional, pois o bem-estar está atrelado às dimensões social, econômica, ética e jurídico-política: "uma dimensão carece logicamente do reforço das demais".[49]

A influência da teoria das dimensões da sustentabilidade não ficou limitada à academia, mas, de forma explícita, alcançou a legislação

---

[47] CUNDA, Daniela Zago Gonçalves da; VILLAC, Teresa. Contratações públicas sustentáveis e a atuação da advocacia pública e dos Tribunais de Contas: um apelo à última geração. *In*: WARPECHOWSKI, Ana Cristina Moraes (coord.); GODINHO, Heloisa Helena Antonacio Monteiro (coord.); IOCKEN, Sabrina Nunes (coord.). *Políticas públicas e os ODS da Agenda 2030*. Belo Horizonte: Fórum, 2021. p. 387.

[48] FREITAS, Juarez. *Sustentabilidade:* direito ao futuro. 4. ed. Belo Horizonte: Fórum, 2019. p. 45.

[49] FREITAS, Juarez. *Sustentabilidade:* direito ao futuro. 4. ed. Belo Horizonte: Fórum, 2019. p. 64.

pátria. A ideia se encontra inserida na norma que dispõe sobre o procedimento do pregão eletrônico, ao tratar, no artigo 2º, parágrafo primeiro do Decreto Federal nº 10.024/2019, que o princípio do desenvolvimento sustentável deverá ser observado nas etapas do processo, em suas dimensões econômica, social, ambiental e cultural.

Em plano infralegal, a Instrução Normativa nº 73/2022, da Secretaria de Gestão do Ministério da Economia, em seu artigo 11, parágrafo único, seguiu um caminho semelhante ao dispor sobre a licitação pelo critério de julgamento por menor preço ou maior desconto. De acordo com a Nova Lei de Licitações, o processo licitatório deverá também observar os preceitos do desenvolvimento sustentável na sua fase preparatória nas dimensões do referido decreto federal.

Há outros entendimentos e classificações das dimensões da sustentabilidade, mas essas são as que parecem ser mais recorrentes, principalmente a de Ignacy Sachs.

2.3 O desenvolvimento nacional sustentável nas contratações públicas brasileiras

As contratações públicas não representam um campo em que a sustentabilidade ficaria à margem em prol dos menores custos financeiros beneficiando o Estado na aquisição de bens e serviços indispensáveis para a realização das suas atividades de atendimento ao interesse público. Ao contrário, não resta qualquer espaço para discussão quanto à necessidade de que a Administração Pública esteja atenta à ideia de desenvolvimento sustentável em todas as suas dimensões.

Falar em sustentabilidade remete à ideia de desenvolvimento estruturado sobre o tripé social, econômico e ambiental. Nesse sentido, a ordem econômica estabelecida com o advento da atual ordem jurídica não concebe o desenvolvimento econômico de forma distanciada da responsabilidade social e da promoção da igualdade, tal como determina o artigo 193, *caput* e parágrafo único, bem como o artigo 170, *caput* e incisos I a IX, todos da Constituição de 1988.

Retomando a ideia da função social das contratações públicas, a Advocacia Geral da União emitiu o Parecer nº 00001/2021/CNS/CGU/AGU, em que defende que a contratação pública não pode ficar adstrita a elementos de natureza financeira, porque a Constituição internaliza à ordem jurídica uma série de valores que demandam, para a sua concretização, que todos os atos da Administração sejam praticados com vistas a considerar elementos como o desenvolvimento sustentável em sua camada social. Nessa direção, vale transcrição extraída do referido parecer:

> A ideia central desta teoria é que as licitações não traduzem um fim em si mesmo, mas um instrumento para que a Administração Pública alcance determinados fins. Tais fins, por sua vez, são aqueles ditados pela Constituição Federal. Tipicamente, a finalidade colimada pela licitação é selecionar a melhor proposta num ambiente de livre e justa concorrência. Entretanto, uma vez que a Constituição consagra uma pluralidade de valores e finalidades públicas (desenvolvimento tecnológico, proteção ao meio ambiente, inclusão social, promoção à acessibilidade etc.), as licitações também devem servir de instrumento para sua concretização. Na assertiva de Flávio Amaral Garcia e Leonardo Ribeiro, as licitações deixam de ser encaradas como procedimentos voltados à aquisição estanque de produtos, serviços e obras, e passam a ser empregadas como instrumentos de implementação de políticas públicas. [...] Portanto, uma vez que, segundo já comentado, o poder de compra do Estado é um forte instrumento de atuação e intervenção na ordem econômica, e que a seleção de proposta economicamente mais vantajosa e a garantia da isonomia são apenas alguns dos fins visados pela Constituição, é de todo justificável que tal poder de compra, exercitado mediante contratações públicas, seja direcionado à promoção de outros valores e fins constitucionais igualmente relevantes. Assim, também sob essa perspectiva, convém que sejam adotados critérios e práticas de sustentabilidade socioambiental e de acessibilidade nas contratações públicas.[50]

É preciso que toda contratação pública esteja em conformidade com a proteção do meio ambiente, para a manutenção de seu equilíbrio ecológico, principalmente após a instituição dos ODS pela Agenda 2030, com a qual o Brasil se comprometeu perante a comunidade internacional.

A preocupação com a sustentabilidade em todos os seus vieses não surge no Brasil a partir da assunção dessa obrigação em 2015, mas já se revelava presente antes de firmar tal compromisso, segundo Cunda e Villac:

> A positivação da sustentabilidade nas contratações públicas brasileiras é, destarte, antecedente aos Objetivos de Desenvolvimento Sustentável

---

[50] BRASIL. Advocacia Geral da União. *Parecer nº 00001/2021/CNS/CGU/AGU*. Uniformiza critérios e práticas de sustentabilidade nas contratações públicas. Brasília, DF: AGU, 3 ago. 2021.

e têm estes o condão de reforçar, desde 2015, a importância da visão sistêmica e integrada na adoção e implementação da sustentabilidade multidimensional no consumo estatal, que deverá também atentar e não descuidar do balizador ético do constitucional princípio da precaução.[51]

O conceito de desenvolvimento nacional sustentável no âmbito das contratações públicas brasileiras foi reconhecido pela Lei nº 12.349/2010, que incluiu, na Lei nº 8.666/1993, a promoção do desenvolvimento nacional sustentável como finalidade do processo licitatório, alguns meses após a vanguardista Instrução Normativa nº 1, de 19 de janeiro de 2010, da Secretaria de Logística e Tecnologia da Informação do extinto Ministério do Planejamento, Orçamento e Gestão, responsável pela regulamentação dos critérios de sustentabilidade ambiental na aquisição de bens, contratação de serviços ou obras pela Administração Pública Federal, regulamentada após dois anos pelo Decreto nº 7.746/2012 e alterada posteriormente pelo Decreto nº 9.178/2017.

Em 2017, especificamente sobre o desenvolvimento social, foi publicada a Lei nº 13.500/2017, que acrescentou o parágrafo 5º, no artigo 40 da Lei nº 8.666/1993, para autorizar a exigência pela Administração Pública, no edital do certame, de que a contratada tenha um percentual de mão de obra egresso do sistema prisional com a finalidade de ressocialização.

A Lei nº 14.133/2021 foi além e deu maior importância ao desenvolvimento nacional sustentável em vista da legislação anterior, pois o consagrou como um princípio de observância obrigatória no seu artigo 5º, bem como estipulou ser objetivo do processo licitatório previsto no artigo 11, inciso IV.

Já no tocante à desigualdade de gêneros, a preocupação da nova lei fica ainda mais latente quando se observa o enunciado normativo do seu artigo 60, em que estabelece, como um dos critérios de desempate entre os concorrentes, a existência de instrumentos de igualdade entre homens e mulheres no ambiente corporativo. Essa medida já era debatida ao tempo da Lei nº 8.666/1993, embora nunca tenha chegado a ser nela inserida.

---

[51] CUNDA, Daniela Zago Gonçalves da; VILLAC, Teresa. Contratações públicas sustentáveis e a atuação da advocacia pública e dos Tribunais de Contas: um apelo à última geração. *In*: WARPECHOWSKI, Ana Cristina Moraes (coord.); GODINHO, Heloisa Helena Antonacio Monteiro (coord.); IOCKEN, Sabrina Nunes (coord.). *Políticas públicas e os ODS da Agenda 2030*. Belo Horizonte: Fórum, 2021. p. 392.

A percepção de que o Estado manifesta preocupação com o problema da desigualdade por meio da inclusão das compras públicas neste contexto é compartilhada por Ferreira e Maciel Filho:

> Como se vê, a raça e gênero, dentre outros critérios, passam a ser "fator positivo" para o equilíbrio das contratações nas relações de trabalho e emprego. A doutrina mais atenta explica que a percepção da desigualdade dos desiguais (e o correspondente tratamento) são formas parta promover a igualdade dos que foram e são marginalizados pelos preconceitos típicos da cultura dominante da sociedade.[52]

Há outros diplomas normativos afetos às licitações e que, de alguma maneira, enveredam pela temática do desenvolvimento sustentável, tornando o processo em um instrumento de relevante política pública para a redução de desigualdades. É o exemplo da Lei nº 6.128/2018, do Distrito Federal, estabelece que a população em situação de rua pode ser contratada como mão de obra nas obras públicas, o que representa um dos mais importantes instrumentos de superação do quadro mais profundo de vulnerabilidade social, ao viabilizar que pessoas em tais condições consigam, ao menos, ter acesso à moradia digna.

Outro exemplo é o da Lei Complementar nº 150/2015, do município do Rio de Janeiro, que estabeleceu a reserva do equivalente a 5% das vagas para mulheres nas empresas prestadoras de serviços que sejam contratadas pela Prefeitura para a realização das obras públicas, dirigindo-se, dessa maneira, ao enfrentamento da desigualdade de gênero no acesso ao mercado formal de empregos.

Já o Decreto nº 50.782/2006, do estado de São Paulo, instituiu um grupo de trabalho, no âmbito da Administração Pública Estadual, que tem como objetivo realizar estudos direcionados a incentivar e reduzir os obstáculos para que a população negra consiga ter acesso aos cargos públicos, sem prejuízo da observância da regra constitucional que determina a necessidade de realização de concurso de provas.

A Lei nº 12.440/2011, que instituiu a Certidão Negativa de Débito Trabalhista, por sua vez, criou uma nova condição para habilitação do licitante e que busca, de forma clara, resguardar outro grupo em situação de vulnerabilidade, o daqueles que se ajustam ao conceito de

---

[52] FERREIRA, Daniel; MACIEL FILHO, Fernando Paulo da Silva. O trabalho dos discriminados estimulado pelas licitações e pelos contratos administrativos. *Revista Jurídica*, Curitiba, v. 1, n. 30, p. 312-340, 2013. p. 323.

empregado nas relações trabalhistas, impedindo que o empregador que não cumpra adequadamente com as suas obrigações não consiga contratar com o Estado.

Mesmo se tratando de um argumento de *lege ferenda*, mas importante por sinalizar uma providência relevante, o Projeto de Lei nº 339/2019, em trâmite no Congresso Nacional, pretende obrigar que os atos convocatórios dos processos de licitação prevejam, entre as cláusulas do futuro contrato, a existência de um número mínimo de vagas para os menores aprendizes durante a execução e, desse modo, superar um dos maiores entraves no acesso ao mercado formal de empregos, qual seja, a imposição de experiência prévia, o que alguns grupos vulneráveis não possuem.

Também se deve citar o Projeto de Lei nº 2.825/2021, que pretende alterar a Lei nº 14.133/2021 para incluir, entre os critérios de desempate para os concorrentes que apresentem propostas iguais, tratamento mais benéfico às empresas que forneçam patrocínio aos atletas ou às equipes de esportes olímpicos.

Enfim, o Projeto de Lei nº 2.067/2021 também pretende promover alterações na Nova Lei de Licitações para permitir que a Administração Pública exija que o contratado, para a execução do objeto, reserve um percentual mínimo de vagas de mão de obra por pessoas que se autodeclarem negras.

Há premência da preocupação com a dimensão social das contratações públicas e a compreensão de que se trata de um eficiente instrumento de redução das desigualdades, na medida em que, além das diversas iniciativas legislativas que já estão produzindo os seus efeitos, há diversos projetos de lei em andamento que pretendem aprofundar ainda mais esse processo. Mesmo que vozes se insurjam contra a utilização social das compras públicas, ao que parece, trata-se de um caminho sem volta.

No âmbito do Poder Executivo também é percebida a preocupação com a desigualdade de gênero, o que tem ensejado a adoção de medidas que internamente reduzam esse quadro. O Programa Pró-Equidade de Gênero e Raça, instituído em 2005 pelo Governo Federal, confere um selo de certificação para as organizações que atuam para promover a equiparação de gêneros.

Manifesta-se uma preocupação com o acesso aos espaços formais de trabalho, da mesma forma que se procura implementar uma reestruturação organizacional de maneira a propiciar que homens e mulheres partilhem as mesmas oportunidades de ascender aos cargos de mais alto nível hierárquico na tomada de decisões estratégicas.

A posição do Poder Executivo e do Poder Legislativo no sentido de destacar o viés social do processo de aquisições públicas também ecoa no âmbito do Poder Judiciário. O Supremo Tribunal Federal, ao decidir a Medida Cautelar na Ação Direta de Inconstitucionalidade nº 3.540/DF, não obstante se tratar de *obiter dicta*, entendeu que não há impedimento ao emprego das licitações para o enfrentamento proporcional das questões de desigualdade que afetam a sociedade brasileira:

> O princípio do desenvolvimento sustentável, além de impregnado de caráter eminentemente constitucional, encontra suporte legitimador em compromissos internacionais assumidos pelo Estado brasileiro e representa fator de obtenção do justo equilíbrio entre as exigências da economia e as da ecologia, subordinada, no entanto, a invocação desse postulado, quando ocorrente situação de conflito entre valores constitucionais relevantes, a uma condição inafastável, cuja observância não comprometa nem esvazie o conteúdo essencial de um dos mais significativos direitos fundamentais: o direito à preservação do meio ambiente, que traduz bem de uso comum da generalidade das pessoas, a ser resguardado em favor das presentes e futuras gerações.[53]

Essa realidade descortina o fato de que a questão ligada ao desenvolvimento sustentável, inclusive em seu aspecto social, ingressou definitivamente na pauta das compras públicas, que passam a atuar na busca pela minoração de questões sociais relevantes ligadas aos grupos marginalizados historicamente e, por isso, encontram-se em situação de vulnerabilidade.

2.4 A dimensão social da sustentabilidade no Direito Comparado

É interessante notar o grau de sintonia entre o ordenamento jurídico brasileiro e o dos países ocidentais e relatar algumas das experiências estrangeiras no que tange ao reconhecimento da importância de incluir o desenvolvimento sustentável nas contratações públicas.

---

[53] BRASIL. Supremo Tribunal Federal (Pleno). *Acórdão nº 3.540/2005*. Meio ambiente. Direito à preservação de sua integridade (Cf. Art. 225). Prerrogativa qualificada por seu caráter de metaindividualidade [...] Decisão não referendada. Consequente indeferimento da medida liminar. Relator: Ministro Celso de Mello, 1 set. 2005. Brasília: STF, 2005.

De tal premissa, é preciso indagar sobre o estágio de introdução das políticas públicas de desenvolvimento sustentável no processo de aquisição de bens e serviços pelo Estado. Enfatize-se que a linha de raciocínio continua a seguir o viés social, calcada na definição penta-partite de Ignacy Sachs.

Nesse panorama, merece especial olhar a experiência colhida em Portugal, dada a relação de proximidade entre o respectivo Direito Público e o brasileiro, além da questão idiomática. Naturalmente, diante do quadro de avançadíssima integração entre os Estados que compõem a União Europeia, também importa analisá-lo sob o direito comunitário.

Referência no assunto em terras portuguesas, Estorninho leciona que, desde a reunião dos Estados-membros da União Europeia, que ocorreu em 1988 no País de Gales, na capital Cardiff, vem sendo evidenciada a importância de os contratos administrativos, como elementos das políticas públicas, considerarem aspectos ambientais e sociais sem abandonar, todavia, a preocupação de que a livre-concorrência seja preservada, por se tratar de uma das bases estruturais daquela Comunidade.[54]

Em outra ocasião, Estorninho considerou como marcos importantes as comunicações interpretativas elaboradas pela Comissão Europeia de 2001, em Bruxelas, quais sejam, a *COM(2001) 274 final* e a *COM(2001) 566 final* – que versam sobre o direito aplicável aos contratos públicos e as possibilidades de integração dos aspectos ambientais e sociais, respectivamente, às contratações públicas:

> O Direito Comunitário aplicável aos contratos públicos e as possibilidades de integrar aspetos sociais nesses contratos, a Comissão reafirma a importância da política social europeia na construção da economia europeia e como pilar do desenvolvimento sustentável. Assim, lembram-se os princípios da igualdade e da não discriminação e salienta-se a necessidade de incentivar a prossecução de objetivos sociais através da imposição de condições de execução dos contratos públicos que passem, por exemplo, pela obrigação de garantir emprego a determinadas categorias de pessoas, favorecendo a reinserção social de pessoas desfavorecidas, o combate ao desemprego, a promoção da igualdade entre homens e mulheres ou a diversidade étnica.[55]

---

[54] ESTORNINHO, Maria João. *Curso de Direito dos Contratos Públicos*: por uma contratação pública sustentável. Coimbra: Almedina, 2014. p. 421.

[55] ESTORNINHO, Maria João. *Green Public Procurement*. Lisboa: Instituto de Ciências Jurídico-Políticas da Universidade de Lisboa, 27 abr. 2012. p. 8.

No âmbito do Tribunal de Justiça Europeu, reconheceu-se a admissibilidade da introdução de considerações de caráter social como critérios de valoração na adjudicação, ainda conforme Estorninho:

> Quanto aos critérios sociais, vejam-se, por exemplo, o Ac. Beentjes, de 20 de Setembro de 1988, (P.31/1987) e o Ac. Comissão/França, de 26 de Setembro de 2000, (P. C-225/1998). O TJUE pronunciou-se, de há muito, nesses acórdãos, no sentido da admissibilidade de introduzir considerações de caráter social como critérios de valoração na adjudicação. Recorde-se o Acórdão Beentjes, de 20 de Setembro de 1988, Proc. 31/1987 no qual o TJUE se pronunciou no sentido da possibilidade de utilização de critérios de natureza social, em concreto, neste caso, o emprego de desempregados de longa duração, tendo afirmado igualmente que tais critérios deveriam respeitar as proibições que resultam da consagração nos Tratados das liberdades de estabelecimento e de livre prestação de serviços. Recorde-se também o Acórdão Comissão/França, de 26 de Setembro de 2000, Proc. C-225/1998, no qual o Tribunal afirmou que a Diretiva 93/37 não exclui a possibilidade das entidades adjudicantes utilizarem como critério uma condição relacionada com a luta contra o desemprego, sempre que ela respeite os princípios fundamentais do Direito comunitário e, em particular, o princípio da não discriminação.[56]

Já em 2014, nota-se uma evolução significativa no que tange à inclusão de considerações ambientais e sociais nos contratos públicos a partir das disposições normativas que compõem a Diretiva 2014/24/UE do Parlamento Europeu e do Conselho da União Europeia. Destaca-se do documento, o número 2 do artigo 18º, que trata dos princípios da contratação:

> Os Estados-membros tomam as medidas necessárias para assegurar que, ao executarem os contratos públicos, os operadores econômicos respeitem as obrigações aplicáveis em matéria ambiental, social e laboral estabelecidas pelo direito da União, por legislação nacional, por convenções coletivas ou pelas disposições de direito internacional em matéria ambiental, social e laboral constantes do Anexo X. [...] As medidas destinadas à proteção da saúde do pessoal envolvido no processo de produção, ao fomento da inserção social das pessoas desfavorecidas ou de membros de grupos vulneráveis entre as pessoas incumbidas de executar o contrato ou à formação para adquirir as competências

---

[56] ESTORNINHO, Maria João. *Green Public Procurement*. Lisboa: Instituto de Ciências Jurídico-Políticas da Universidade de Lisboa, 27 abr. 2012. Nota de rodapé, p. 9.

necessárias para executar o contrato em questão poderão igualmente ser objeto dos critérios de adjudicação ou das condições de execução dos contratos, desde que correspondam às obras, produtos ou serviços a fornecer no âmbito do contrato.[57]

Para Reis, o tema de inclusão de cláusulas sociais ou ambientais na valoração de um contrato público sempre deu azo à controvérsia, sendo categórico ao afirmar que é necessário que tais regras editalícias devam relacionar-se diretamente ao objeto que se pretende contratar, como previsto pela Junta Consultiva de Contratação Administrativa da Cataluña (Recomendação da Comissão Permanente 1/2001, de 5 de abril) e a Junta Consultiva de Contratação Administrativa do Estado (Informe 11/1999).[58]

O emprego das compras públicas para atingir resultados positivos na solução de questões sociais históricas não é algo que se percebe apenas no Brasil, mas também a experiência jurídica europeia reforça essa ideia de que o Estado precisa exercer seu considerável poder de compra para influenciar na realidade dos grupos socialmente vulneráveis.

2.5 A Agenda 2030

A Agenda 2030 é um documento internacional, em que foram estipulados 17 Objetivos de Desenvolvimento Sustentável (ODS) que culminam na definição de 169 metas, e que foi assinado pelos representantes dos 193 países integrantes da ONU.

Os Estados signatários fixaram o ano de 2030 para que os Objetivos de Desenvolvimento Sustentável se concretizem ou, ao menos, estejam muito próximos disso, daí o nome atribuído ao documento. Trata-se de um compromisso formal assumido perante a comunidade internacional de que, por meio das suas políticas públicas internas, os países-membros envidarão esforços para facilitar a redução das diversas desigualdades presentes na sociedade. É o que ressaltam Zeifert, Cenci e Machini: "As claras metas incentivam todos os países a adotarem, conforme as suas

---

[57] PARLAMENTO EUROPEU. *Diretiva 2014/24/UE de 26 de fevereiro de 2014*. Relativa aos contratos públicos e que revoga a Diretiva 2004/18/CE. Bruxelas: Jornal Oficial da União Europeia, 28 mar. 2014. p. 94/65.

[58] REIS, Luciano Elias. *Compras públicas inovadoras*: o desenvolvimento científico, tecnológico e inovativo como perspectiva do desenvolvimento nacional sustentável de acordo com a Nova Lei de Licitações e o Marco Regulatório das Startups. Belo Horizonte: Fórum, 2022. p. 118.

pautas prioritárias, em espírito de uma parceria global, ações efetivas buscando uma melhora na vida das pessoas, inclusive em um futuro próximo."[59]

Diversos dos ODS estão diretamente relacionados com o enfrentamento de demandas típicas de grupos em situação de especial vulnerabilidade, dentre os quais as mulheres vítimas de violência motivada pelo gênero, por exemplo.

No caso do Brasil, o compromisso firmado com a Agenda 2030 pode ser entendido como um salutar reforço ao que já enunciou o legislador constituinte quando, no artigo 3º, inciso I, da Constituição de 1988, que era inaugurada àquele tempo de redemocratização, prescreveu como um dos objetivos fundamentais da República "construir uma sociedade livre, justa e solidária" e, pouco depois, no inciso III, indica que as desigualdades sociais devem ser reduzidas a partir, naturalmente, da criação e do implemento de políticas públicas sérias.

Para cumprir os comandos de estatura constitucional e implementar os compromissos firmados perante a ONU, então, é essencial que o Brasil crie métodos eficientes para atender as pessoas que se encontram em situação de vulnerabilidade provocada pela desigualdade estrutural.

A lamentável situação das mulheres que sofrem violência de gênero representa um desses grupos para os quais o Estado deve voltar-se com precisão e adotar providências para encerrá-la. Nesse caminho, o ODS nº 5 da Agenda 2030 dispõe que os Estados-membros devem "alcançar a igualdade de gênero e empoderar todas as mulheres e meninas." A Meta 5.2 não deixa margem para discussão no que respeita à obrigação de os Estados-membros adotarem políticas públicas adequadas para reduzir o quadro histórico de violência contra mulheres e meninas com 15 anos de idade ou mais.

O enfrentamento da violência de gênero inicia-se com o advento da Lei nº 11.340/2006, que instituiu um microssistema diferenciado para as ações penais que possuam, em seu contexto, uma agressão de qualquer natureza à mulher por conta da sua condição feminina. Essa providência isolada não soluciona o problema em sua gênese, mas cuida apenas para que se dê uma resposta quando a mulher já teve reduzida sua dignidade pelo simples fato de ser mulher.

---

[59] MANCHINI, Alex; ZEIFERT, Anna Paula Bagetti; CENCI Daniel Rubens. A justiça social e a Agenda 2030: Políticas de desenvolvimento para a construção de sociedades justas e inclusivas. *Revista Direitos Sociais e Políticas Públicas do Centro Universitário de Bebedouro*, Bebedouro, SP, v. 8, n. 2, p. 30-52, maio/ago. 2020. p. 39.

Não se pode perder de vista que é primordial que o Estado solucione a questão antes de a violência acontecer, o que pode ser resolvido por meio da implementação de garantias para que a mulher seja capaz de escapar do jugo do seu algoz ao mínimo sinal de agressão.

Uma política pública, como ensina Rua,[60] é um "conjunto das decisões e ações relativas à alocação imperativa de valores envolvendo bens públicos". Assim, quando o novo marco legal das licitações dispõe que o administrador público pode, no ato convocatório, incluir a contratação de um percentual mínimo de mão de obra de mulheres vítimas de violência como uma das condições a serem cumpridas pelo licitante na execução do objeto contratual, busca, ao mesmo tempo, reduzir a situação de violência de gênero, no esforço de garantir que elas tenham condições, por meio da independência econômica, para romper quaisquer laços com o agressor.

Dessa forma, a Lei nº 14.133/2021, em seu artigo 25, parágrafo 9º, inciso I cumpre, concomitantemente, com o que estabelece o princípio constitucional da igualdade, além de materializar o compromisso assumido pelo Brasil de promover as políticas públicas necessárias à redução da violência de gênero.

Ainda merece destaque o ODS nº 8, cuja finalidade é promover o crescimento econômico sustentado, inclusivo e sustentável, emprego pleno e produtivo e trabalho decente para todas e todos. A consecução desse objetivo perpassa pela adoção de políticas públicas que garantam aos grupos vulneráveis a inserção no mercado de trabalho formal.

O Brasil já externava preocupação com essa pauta, principalmente no que se refere à necessidade de inclusão dos presidiários e egressos do sistema penitenciário. A Resolução nº 96/2009, editada no âmbito do Conselho Nacional de Justiça (CNJ), instituiu o "Projeto Começar de Novo", cujo objetivo é justamente fomentar a criação de vagas de emprego que possam abarcar tais indivíduos, garantindo-lhes os meios necessários para retornarem com segurança à sociedade.

O projeto pretende sensibilizar os órgãos públicos e os agentes privados para que ofertem postos de trabalho e oportunidades, como a participação em cursos, às pessoas que estejam presas ou que tenham deixado o sistema carcerário, tendo em vista pertencerem a um grupo

---

[60] RUA, Maria das Graças. *Políticas Públicas*. Florianópolis: Departamento de Ciências da Administração da Universidade Federal de Santa Catarina; [Brasília]: CAPES: UAB, 2009. p. 19.

da população que sofre os mais fortes estigmas e, muitas das vezes, não retornam ao convívio em sociedade de forma plena, exatamente por não conseguirem regressar ao mercado de trabalho na condição de ex-detentos. Por essa razão, o CNJ, em sua competência regulamentar, entendeu ser oportuno editar um ato com o objetivo de instituir uma política pública que atendesse aos interesses dessa parcela da população.

Essa reserva de vagas destinadas aos egressos do sistema prisional já havia sido introduzida na Lei nº 8.666/1993, em processo de revogação, no artigo 40, parágrafo 5º, por meio da Lei nº 13.500/2017: "A Administração Pública poderá, nos editais de licitação para a contratação de serviços, exigir da contratada que um percentual mínimo de sua mão de obra seja oriundo ou egresso do sistema prisional, com a finalidade de ressocialização do reeducando, na forma estabelecida em regulamento."[61]

Deve-se rememorar que o referido artigo foi regulamentado pelo Decreto Federal nº 9.450/2018.

É de notar-se que o acesso ao mercado formal de trabalho é visto, de forma clara, como um dos mecanismos de inclusão social mais eficientes à disposição do poder público para a realização do valor constitucional da isonomia. A Agenda 2030, ao trazer o ODS nº 8, reforça essa constatação e expressa a preocupação do Estado brasileiro perante a comunidade internacional.

Quando o Brasil estabelece, por meio da sua legislação, as medidas que serão implementadas em suas políticas públicas para garantir que os grupos em especial situação de vulnerabilidade tenham condições de romper com as amarras históricas da desigualdade, expressa à comunidade internacional a sua boa-fé no cumprimento das obrigações que foram assumidas, de forma soberana, perante os seus pares.

Em última análise, quando a Lei nº 14.133/2021 reafirma que providências de desequiparação devem ser adotadas pelo Estado nas aquisições públicas, com vistas a favorecer as mulheres em situação de violência de gênero e os egressos do sistema penitenciário, na realidade, concretiza o direito convencional e as disposições constitucionais para a construção de uma sociedade, na maior medida possível, livre das mazelas da desigualdade social.

---

[61] BRASIL. *Lei nº 8.666, de 21 de junho de 1993*. Regulamenta o art. 37, inciso XXI, da Constituição Federal, institui normas para licitações e contratos da Administração Pública e dá outras providências. Brasília, DF: Presidência da República, [2021].

CAPÍTULO 3

A IMPLEMENTAÇÃO DE UMA POLÍTICA PÚBLICA DE SUSTENTABILIDADE SOCIAL NAS CONTRATAÇÕES PÚBLICAS DO BRASIL

A Nova Lei de Licitações instituiu uma diferente realidade com a qual os procedimentos licitatórios deverão lidar, qual seja, a sua inserção no cenário das políticas públicas que têm o intento de atuar na redução do quadro de desigualdade em que se encontram determinados grupos em situação de vulnerabilidade e, com isso, assume um viés de fomento ao desenvolvimento social sustentável.

A conveniente inovação legislativa ganhou um suporte empírico importante a partir das experiências bem-sucedidas no âmbito *interna corporis* do Senado Federal, que já previa, em alguns editais de licitações, algumas medidas de favorecimento às mulheres vítimas de violência doméstica.

A providência tomada, de início, pelo administrador e, em seguida, pelo legislador, é relevantíssima e está de pleno acordo com a ordem jurídica que foi inaugurada em 1988. Entretanto, de nada adianta se não se criarem métodos eficientes de controle da execução contratual, o que pode se dar pelos fiscais de contrato, pela sociedade e pelos órgãos constitucionais incumbidos dessa tarefa.

3.1 A recente legislação brasileira fomentadora da sustentabilidade social nas contratações públicas

O emprego das ações afirmativas como um instrumento de política pública formatado para promover a redução dos diversos quadros de desigualdade que assolam a sociedade brasileira desde os seus estágios mais iniciais tem, na Ação de Arguição de Descumprimento de Preceito Fundamental nº 186, um momento chave e, desde então, vem ganhando força gradativa. Embora, paralelamente, o que se vem percebendo é a previsão de diversas medidas legislativas em favor das pessoas em especial situação de vulnerabilidade. A partir da referida ação, o STF posicionou-se no sentido de exigir dos poderes constituídos uma postura ativa na promoção da igualdade a partir da criação de meios diferenciados, para que certos grupos tenham acesso a espaços que, até então, eram praticamente inacessíveis.

Piovesan destaca que "as ações afirmativas objetivam acelerar o processo de igualdade, com o alcance da igualdade substantiva por parte de grupos socialmente vulneráveis, como as minorias étnicas e raciais, entre outros grupos."[62]

No campo das contratações públicas, é possível perceber sólidos avanços, o que não impede o reconhecimento de que ainda existe uma série de desafios que deverão ser enfrentados, com seriedade, para assegurar a superação do quadro de desigualdade.

As Constituições Estaduais do Paraná e de Santa Catarina são exemplos dessa evolução. Ambas possuem dispositivos que prescrevem sanções administrativas a empresas que praticam atos discriminatórios contra a mulher ou por quaisquer questões sociais, respectivamente, com a impossibilidade de participação em licitações e convênios públicos, além do impedimento de parcelar débitos. Outro caso que ilustra esse progresso legislativo nesse sentido é o do estado de São Paulo, que criou mecanismos de incentivo a políticas públicas nas licitações e concursos públicos.

A tomada de posição do legislador na Nova Lei de Licitações, portanto, é consequência da inserção das licitações nas políticas públicas de combate à desigualdade.

Como se viu, a Lei nº 14.133/21 prevê explicitamente que o ato convocatório poderá prever que o particular interessado em contratar com a Administração Pública mantenha um percentual mínimo da mão de obra usada na execução contratual, destinado a abrigar as mulheres vítimas de violência de gênero e as pessoas egressas do sistema penitenciário. A redação aprofunda aquilo que já constava no artigo 40, parágrafo 5º, da Lei nº 8.666/1993, após a alteração que foi promovida

---

[62] PIOVESAN, Flávia. Ações afirmativas no Brasil: desafios e perspectivas. *Estudos Feministas*, Florianópolis, 16(3): 424, p. 887-896, set./dez. 2008. p. 890.

pela Lei nº 13.500/2017, e que previa, já naquele marco normativo, a possibilidade de que o edital contivesse a previsão de reserva de um percentual das vagas de trabalho para as pessoas que deixavam a prisão pelo cumprimento da pena. Há uma verticalização da ideia quanto à pertinência da providência, mas não é correto falar que a nova lei de licitações traz uma novidade nesse sentido.

Novidade, mesmo, é a previsão de que as mulheres que são vítimas de violência de gênero devem ser incluídas como beneficiárias de um percentual das vagas de emprego formal na execução do contrato, a exemplo dos egressos do sistema carcerário. Outra novidade em matéria de gênero foi incorporada no artigo 60 da nova lei, ao disciplinar as normas de julgamento das propostas em caso de empate entre os licitantes, e aduz que o desenvolvimento de ações de equidade entre homens e mulheres no ambiente de trabalho será observado como um dos critérios de desempate, conforme regulamento. Assim, a busca pela igualdade a partir das licitações, permitindo que essas mulheres encontrem meios econômicos para se livrar do ambiente hostil onde vivem, por meio da inclusão no mercado de trabalho se revela, em mais de uma passagem, no novo texto legal.

Essa previsão, tal qual foi redigida pelo legislador, desafia uma regulamentação para que a Administração Pública possa, em suas contratações, utilizar a previsão da reserva de vagas de mão de obra e, com isso, atuar proativamente na superação de problemas estruturais a partir da sua capacidade como agente econômico exponencial. Esse ato normativo veio a lume por intermédio do Decreto nº 11.430/2023, publicado na simbólica data do dia internacional da mulher, e passou a tornar viável a plena aplicação da norma do artigo 25, parágrafo 9º da Nova Lei de Licitações.

Alguns pontos da regulamentação devem ser destacados, para que se possa compreender como a norma regulamentadora tratou do tema e permitiu a plena aplicação das ações afirmativas no processo licitatório.

O primeiro diz respeito à definição do percentual de vagas que devem ser garantidas às pessoas que se ajustam à situação de vulnerabilidade para o atendimento da política pública instituída pelo artigo 25, parágrafo 9º da Lei nº 14.133/2021. O artigo 3º, *caput*, do Decreto nº 11.430/2023, estipula que os editais prevejam um percentual mínimo de 8% dos postos de emprego formal em favor de mulheres que tenham sido vítimas de violência doméstica.

É interessante notar que a ideia de interseccionalidade foi abraçada pela legislação regulamentar que determinou, de forma acertada, que esse percentual será destinado, entre as mulheres vítimas de violência doméstica, àquelas que se identificarem como pretas ou pardas (inciso II), bem como também podem ser beneficiadas pela ação afirmativa as mulheres trans, travestis e outras possibilidades do gênero feminino (inciso I).

Essa opção do legislador aponta, de forma incontestável, que a Nova Lei de Licitações não pode olvidar a complexidade da situação de desigualdade que marca, até os dias atuais, a população preta e parda do país. A legislação regulamentar foi precisa quando estabeleceu que pretas e pardas vítimas de violência doméstica merecem especial atenção, na medida em que são atingidas por dois aspectos que as submetem à situação de vulnerabilidade, o que desafia uma ação concreta do poder público para sua superação.

Uma crítica à previsão normativa diz respeito à opção de designar um percentual mínimo de vagas para as mulheres vítimas de violência. Isso se justifica pelo fato de que é possível que o número mínimo de vagas acabe por consubstanciar-se como a quantidade máxima de postos de emprego que serão deixados ao preenchimento do seu público-alvo. Assim, é possível que uma previsão bem intencionada da legislação acabe por restringir o emprego efetivo da medida de equiparação.

O segundo ponto que merece destaque é a obrigatoriedade da sua aplicação às aquisições públicas que ensejam a necessidade de contratação de mão de obra. Ao contrário do que dispôs o artigo 25, parágrafo 9º da Lei nº 14.133/2021, a norma regulamentadora estabeleceu a obrigatoriedade de que os gestores públicos, ao entenderem pela realização de uma contratação que envolve a utilização de mão de obra, empreguem a política da reserva de vagas. O legislador da Nova Lei de Licitações consagrou a ação afirmativa em prol de alguns dos grupos vulneráveis como uma opção, o que poderia esvaziar o instituto, ao passo que o Decreto nº 11.430/2023 fixou a sua obrigatoriedade, garantindo sua efetividade.

A norma regulamentadora, portanto, de maneira acertada, afastou o risco de não concretização da ação afirmativa ao retirar da avaliação de conveniência e de oportunidade ao impor a obrigatoriedade de fixação da reserva de vagas de mão de obra.

Por fim, o terceiro ponto relaciona-se à forma pela qual as mulheres vítimas de violência doméstica podem acessar esses postos de emprego, naturalmente, com a preservação dos seus dados anonimizados. Caberá a elaboração de um Acordo de Cooperação Técnica que estabeleça uma ligação entre os órgãos contratantes e as unidades responsáveis pela política pública de atenção às mulheres.

Com essa regulamentação, o Decreto nº 11.430/2023 deu plena aplicação às ações afirmativas em prol das mulheres vítimas de violência doméstica e acena para a necessidade de que a questão do racismo estrutural seja enfrentada adequadamente pelo Estado, inclusive como um agente econômico de grande destaque.

3.2 Os grupos vulneráveis escolhidos pela Lei nº 14.133/2021

A partir da apresentação do quadro normativo que insere uma dimensão de apoio ao desenvolvimento social sustentável no processo de compras públicas, é interessante investigar de forma mais detida o que instaura o novo marco regulatório das licitações públicas a esse respeito, notadamente, aquilo que restou assentado pelo artigo 25, parágrafo 9º, da Lei nº 14.133/2021.

Nesse sentido, dois aspectos específicos precisam ser analisados, até mesmo a possível indicação da necessidade de uma precoce reforma legislativa.

O primeiro deles é verificar se o rol do citado dispositivo legal teria a natureza taxativa ou meramente exemplificativa, possibilitando ao administrador, conforme entenda ser conveniente, ampliar o seu espectro de atuação para abraçar outros grupos que, reconhecidamente, estejam em situação de especial vulnerabilidade. O outro aspecto se trata de abordar brevemente do tema do racismo como a principal fonte de desequilíbrio de oportunidades na sociedade brasileira, desde os seus primórdios até os tempos atuais, dado que a nova legislação nada fala a esse respeito.

3.2.1 Artigo 25, parágrafo 9º da Lei nº 14.133/2021: rol taxativo?

A análise das ações afirmativas no bojo dos procedimentos licitatórios demanda a investigação sobre quais são os grupos vulneráveis eleitos pelo legislador para serem os beneficiados pelas suas providências no afã amenizar o quadro de desequilíbrio social latente.

Em diversas passagens da Nova Lei de Licitações, verifica-se a preocupação do legislador com a proteção de certos grupos vulneráveis, mesmo não se tratando propriamente de uma novidade, como já mencionado, tendo em vista que alguns dispositivos semelhantes estavam contidos na Lei nº 8.666/1993. Dentre eles, merecem destaque as hipóteses normativas do artigo 25, parágrafo 9º, do artigo 63, IV, do artigo 68, incisos IV e V, do artigo 75, incisos XIV e IV, alínea j e do artigo 92, XVII.

Os grupos acolhidos por esses dispositivos são pessoas portadoras de necessidades especiais; mulheres vítimas de violência doméstica; pessoas oriundas ou egressas do sistema prisional; associações ou cooperativas formadas exclusivamente de pessoas físicas de baixa renda reconhecidas pelo poder público como catadores de materiais recicláveis; e o aprendiz.

Não desafia maiores justificativas a inclusão desses grupos como beneficiários das políticas de integração social, haja vista que essas pessoas, por suas condições, têm extrema dificuldade em obter um lugar no mercado formal de trabalho e/ou dependem dessa medida para que possam, em algum momento, deixar a condição de fragilidade.

Considerada essa circunstância, a questão que se coloca é a seguinte: seriam esses os únicos grupos que mereceriam a atenção do Estado na promoção da igualdade material? E os demais grupos, por exemplo, os negros, os indígenas e os idosos? Tais grupos vulneráveis excluídos pelo novo diploma também serão alijados da proteção estatal no âmbito das licitações públicas?

Há uma questão importante a respeito da forma como foi redigida a Lei nº 14.133/2021, no tocante ao emprego do processo de compras públicas na mitigação dos problemas decorrentes do quadro de desigualdade social, que deve ser realçada: o rol do art. 25, parágrafo 9º, da Nova Lei de Licitações seria taxativo ou exemplificativo?

Assim dispõe referido normativo:

> § 9º O edital poderá, na forma disposta em regulamento, exigir que percentual mínimo da mão de obra responsável pela execução do objeto da contratação seja constituído por:
> I - mulheres vítimas de violência doméstica;
> II - oriundos ou egressos do sistema prisional.

Antes da apuração da taxatividade ou não desse rol, se fazem pertinentes alguns comentários sobre cada um desses grupos selecionados pela lei se fazem.

Em relação ao grupo do inciso I, Horta Filho e Leitão, em artigo que trata do assunto, asseveram que "É possível dizer que o novo marco legal geral das licitações públicas representa umas das consequências do cenário pandêmico, isso porque, foi a partir das dificuldades experimentadas pelo poder público, para melhor atender às necessidades da população, que o processo legislativo culminou com a Lei n. 14.133/2021 e ganhou celeridade."[63]

Contudo, como bem destacado por Fenilli:

[...] avalia-se que o legislador furtou-se de prover redação mais apurada, aclarando os seguintes aspectos:
i) A ação, sob a ótica de política pública, volta-se não a quem for vitimizada pela violência doméstica, *lato sensu*, mas sim a quem se ver em situação de vulnerabilidade econômica nesse mesmo cenário de violência. O emprego remunerado, *in casu*, vem a remediar a fragilidade econômica, por óbvio. A lógica é que a independência financeira tem o condão de quebrar o ciclo de dependência da mulher com relação a quem gera a violência. Tal recorte deverá ser provido em regulamento infralegal; ii) A ação afirmativa também se aplicaria a contratações diretas, haja vista, a priori, inexistir razão para a restrição da prática a licitações públicas; iii) Não só a violência doméstica, mas também a familiar estaria contemplada sob o alcance do dispositivo, em redação aderente à Lei nº 11.340, de 7 de agosto de 2006 (Lei Maria da Penha).[64]

Recentemente, o Superior Tribunal de Justiça (STJ) decidiu que a Lei Maria da Penha se aplica aos casos de violência doméstica ou familiar contra mulheres transexuais. Assim, por uma interpretação teleológica do dispositivo, conferindo efeitos extensivos à hipótese normativa, amplificou-se o conceito jurídico de "mulher" para abrigar também as mulheres transgênero. Nessa medida, o Acórdão nº 1152502, do Tribunal de Justiça do Distrito Federal, exarou o entendimento de que "Seria incongruente acreditar que a lei que garante maior proteção

---

[63] HORTA FILHO, Francisco Alves da Cunha; LEITÃO, Gisella Maria Quaresma. A utilização das compras públicas na emancipação financeira da mulher vítimas de violência de gênero. *In*: SEMINÁRIO INTERNACIONAL SOBRE DIREITOS HUMANOS FUNDAMENTAIS, 7., v. 2, 7-8 jun. 2021, On-line. *Anais* [...]. On-line: Universidade Federal Fluminense, 2021.

[64] FENILLI, Renato. A Nova Lei de Licitações e as mulheres vítimas de violência doméstica: #somostodosgloria. *Sollicita Portal*, 8 mar. 2021.

às 'mulheres' se refere somente ao sexo biológico, especialmente diante das transformações sociais. Ou seja, a lei deve garantir proteção a todo aquele que se considere do gênero feminino."[65]

Já no que diz respeito aos oriundos ou egressos do sistema penitenciário não houve inovação por parte do legislador, porque, como se viu, o Decreto Federal nº 9.450/2018 regulamentou a Lei nº 13.500/2017, responsável por acrescentar o parágrafo 5º, do artigo 40, da Lei nº 8.666/1993. Bem antes da publicação dessa lei, alguns estados, no exercício da sua autonomia legislativa para dispor sobre matéria específica em licitações, já reconheciam a necessidade de que os editais de licitação exigissem dos futuros contratados a reserva de determinado percentual das vagas de trabalho, para preenchimento por sentenciados ou egressos do sistema prisional na execução dos contratos de obras ou de serviços.

Carvalho mais uma vez, com muita propriedade, aduz que:

> Não há dúvida quanto à pertinência de se buscar, nas contratações administrativas, mecanismo de viabilizar a recuperação de presos e tornar possível sua ressocialização após saída do sistema penitenciário, mediante concreção de cada um dos objetivos mencionados. Trata-se de parcela da sociedade a ser incorporada em relações formais de natureza profissional, sob pena de reincidência criminosa com sacrifício dos interesses do restante da comunidade. Quando a Administração Pública compromete-se com esse objetivo, a tentativa é de tornar real o que a doutrina denomina 'Estado Solidário' como vinculante das políticas públicas. Se todos somos membros de uma mesma sociedade e parte dela, delinquente, nos requer esforço de recuperação, é exigido da comunidade sentimento de responsabilidade e solidariedade.[66]

Por outro lado, segundo anteriormente exposto, há um parecer da Advocacia-Geral da União relatando dificuldades no cumprimento do mencionado Decreto Federal. O que se mostra mais eficiente para implementar as medidas estabelecidas pela Nova Lei de Licitações é a criação de um ato normativo que substitua o modelo atual, de modo a não deixar margem para dúvidas relativamente à sua aplicação.

---

[65] DISTRITO FEDERAL. Tribunal de Justiça (2ª Turma Criminal). *Acórdão nº 1152502*. Recurso em sentido estrito. Aplicação da Lei 11.340/06. [...]. Relator: Ministro Silvanio Barbosa dos Santos, data. Brasília, DF: TJ, 2019.

[66] CARVALHO, Raquel. Dos fundamentos das ações afirmativas ao decreto federal nº 9.450/2018: o poder de compra do estado em favor dos presos e egressos do sistema penitenciário. *RC Raquel Carvalho Direito*. Belo Horizonte, 25 jul. 2018.

Andrade desenvolve interessante abordagem do tema, ao relatar que, somente em uma oportunidade, a questão inerente ao artigo 40, parágrafo 5º, da Lei nº 8.666/1993 foi discutida no TCU e no STF. Contudo, segundo a autora, nada impedia que as decisões tivessem buscado "um aprofundamento não só na questão da declaração, como no poder regulamentar do Decreto Executivo, bem como na essência materialmente constitucional do instituto".[67]

Assim, os tribunais perderam a oportunidade de se aprofundar nessa temática tão cara às licitações públicas e que poderia, já neste momento, estar pacificada ou, ao menos, ter a indicação de um norte a ser seguido.

Relativamente ao rol do artigo 25, parágrafo 9º da referida lei, verifica-se que o legislador não deixa espaço para a inclusão de outros grupos, o que torna o rol taxativo. Decerto que diversos podem ser os critérios empregados pelo legislador para determinar aqueles grupos que serão beneficiados por uma certa ação afirmativa, como a renda ou a etnia, ou abrir ainda mais o seu espectro de atuação, para deixar a cargo do administrador a eleição daqueles que serão os grupos beneficiários das políticas públicas de distinção.

Neste ponto, vale dizer que a legislação andou muito bem quando, antecipando-se às críticas, diante de uma "escolha difícil" posta ao gestor público para atuar em prol de determinado grupo vulnerável em detrimento de outro, entendeu por bem prescrever que, quando as compras públicas tiverem o propósito, mesmo indireto, de atuar em uma situação de desigualdade material, o fará em benefício de dois grupos específicos.

Ao que parece, não há qualquer margem para a interpretação de que outros grupos poderiam ser inseridos como beneficiários das ações afirmativas que serão implementadas, com base no que dispõe o referido dispositivo legal, haja vista a redação não ter adotado expressões abertas ou conferido àqueles casos por ela abraçados o caráter exemplificativo, o que se vê quando as palavras "entre outros" são inseridas no texto normativo.

Como se sabe, um dos princípios norteadores da atividade administrativa, em que se insere o processo de contratações públicas,

---

[67] ANDRADE, Melissa Lara. Controvérsia na aplicação da obrigatoriedade de contratação dos egressos do sistema prisional nas licitações públicas. *In*: RAMOS, Edith Maria Barbosa; SANTIN, Janaína Rigo; CRISTÓVAM, José Sérgio da Silva. *Encontro de Direito Administrativo e Gestão Pública III*, p. 257-262, 23/30 jun. 2020. Florianópolis: CONPEDI, 2020. p. 261.

é o da legalidade ou, como prefere Oliveira, a ideia de juridicidade, segundo a qual a atividade do gestor público deve estar pautada por uma prévia autorização legal.[68] Se o administrador pode atuar somente quando lhe for franqueada a liberdade para tanto pelo ordenamento jurídico, e, tendo a lei de licitações indicado os grupos que serão por ela beneficiados com as políticas de intervenção social, nenhum outro, por mais grave que seja a sua situação de vulnerabilidade, poderá ser indicado no ato convocatório.

O que se quer dizer, em outras palavras, é que se o administrador público entender por bem empregar um processo de compra pública para atuar positivamente na solução de um problema de desigualdade social, deverá fazê-lo obrigatoriamente em favor das mulheres em situação de violência de gênero ou dos egressos do sistema penitenciário.

Nessa direção, Torres pondera: "Como bem lembra Victor Amorim, o Supremo Tribunal Federal (STF), no julgamento da ADI nº 3.059 (MC), consignou que toda e qualquer instituição de tratamento diferenciado de concorrência, ainda que sob o pálio de ações afirmativas e de incentivos finalisticamente louváveis, só poderá ser implementada por lei da União."[69]

Em relação à lei de licitações, o legislador foi claro e decidiu que as ações afirmativas nela baseadas estarão dispostas a interferir tão somente no caso das mulheres vítimas de violência de gênero e dos egressos do sistema penitenciário, com o nítido escopo de fazer cessar o ciclo de vulnerabilidade a que esses grupos estão expostos.

3.2.2 O racismo como a principal fonte de desigualdade na formação da sociedade brasileira

Uma vez enfrentada a questão controversa em torno da natureza jurídica do rol de grupos vulneráveis que podem ser beneficiados por práticas inclusivas no processo de compras públicas, é certo que as pessoas autodeclaradas negras estão fora do rol do parágrafo 9º do referido artigo 25, sendo necessária a abordagem, ainda que ligeira, do tema preconceito racial.

---

[68] OLIVEIRA, Rafael Carvalho Rezende. *Princípios do Direito Administrativo*. Rio de Janeiro: Lumen Juris, 2011. p. 65.
[69] TORRES, Ronny Charles Lopes de. Contratos administrativos e cotas para mão de obra oriunda ou egressa do sistema prisional. *Revista Jus Navigandi*, Teresina, ano 24, n. 5804, 23 maio 2019.

A justificativa para tanto repousa na premissa que intitula este tópico. Inobstante a vulnerabilidade social não estar adstrita à questão da cor da pele, é inegável que, na constituição da sociedade brasileira, a situação imposta à população negra se revela como a origem de diversas questões que precisam ser superadas a favor de uma sociedade materialmente democrática.

Há inúmeras obras que tratam a História do Brasil e, principalmente, a formação da sociedade sob um olhar crítico extremamente salutar para a superação de certos desafios que ainda se revelam complexos e distantes de qualquer solução. Destacam-se, nesse sentido, as contribuições do antropólogo Darcy Ribeiro e da já referida historiadora Lilia Schwarcz.[70]

Para que se possa compreender a gravidade do problema a se enfrentar, é necessário partir de um dado cruel: durante o período da colonização, Gomes estima que, aproximadamente, 12 milhões de negros africanos tenham sido sequestrados de suas terras de origem e levados para o novo continente, com o intuito de ter a sua mão de obra explorada até a morte ou o seu descarte, sendo certo que, após 3 anos de trabalho, registrou-se a sobrevivência de apenas 9 milhões de pessoas.[71] Em comparação, apenas para que se tenha dimensão da barbárie sobre a qual se está falando, o holocausto, um dos episódios mais tristes da história recente da humanidade, culminou com a morte de aproximadamente 6 milhões de judeus nos campos de concentração.

O Brasil ostenta o vergonhoso título de ter sido, entre os países ocidentais, o último a abolir formalmente o regime de trabalho escravocrata como o pilar central da sua economia, em um processo que se iniciou em 1871, com o advento da Lei do Ventre Livre.

Nesse ponto, vale analisar a expressão "processo". No que consistiria um processo histórico? Ele pode ser considerado como uma série encadeada de eventos sociais, econômicos e políticos que produzem um resultado expressivo que, de alguma forma, contribui para a formação da história de um país e da cultura de um povo. Nesse sentido, não seria exagerado dizer que, em pleno século XXI, a emancipação da

---

[70] RIBEIRO, Darcy. *O povo brasileiro:* a formação e o sentido do Brasil. 4. ed. São Paulo: Global, 2022. SCHWARCZ, Lilia Moritz. *Sobre o autoritarismo brasileiro.* São Paulo: Companhia das Letras, 2019.
[71] GOMES, Laurentino. *Escravidão:* do primeiro leilão de cativos em Portugal à morte de *Zumbi dos Palmares.* Rio de Janeiro: Globo livros, 2019. v. 1. p. 46.

população negra africana e dos seus descendentes ainda é um processo em lento desenvolvimento na sociedade brasileira.

Sem desmerecer a importância simbólica da Lei Áurea, assinada pela Princesa Isabel em 13 de maio de 1888, e que serviu para conferir fôlego a um sistema monárquico em franca decadência, que ruiria, em definitivo, em novembro do ano seguinte, é curioso pensar que, em um passe de mágica, logo após a vigência daquele decreto, o imenso contingente de homens e mulheres que eram tratados como bens semoventes e, portanto, despidos de qualquer autodeterminação, assumiriam a condição de pessoas livres e, a partir daquele momento, estariam obrigados a obter por si só um local para morar e os elementos necessários para o seu sustento.

O Estado brasileiro, incipiente àquele tempo, não promoveu ações para que os escravos libertos tivessem de maneira efetiva a sua liberdade, uma vez que, dadas as condições que lhes eram impostas pelos senhores de escravos, nada tinham além da própria mão de obra. Não foi adotada qualquer providência para que se pudesse, de alguma forma, compensar o negro africano sequestrado e escravizado por tudo aquilo que havia experimentado, tampouco conferir a ele as condições mínimas para sobreviver.

Na formação do povo brasileiro, a despeito da riquíssima contribuição cultural que os povos africanos emprestaram para a identidade brasileira, registra Darcy Ribeiro que o elemento racial é um fator catalisador para o cenário de desigualdade que se coloca entre ricos e pobres, seja em relação às oportunidades de acesso às condições básicas para um padrão de vida adequado, como trabalho, moradia, saneamento básico, seja em relação à forma de tratamento social que é dispensada a ambos. O autor ainda pontua um traço distintivo em terras brasileiras, devido à forte miscigenação:

> A característica distintiva do racismo brasileiro é que ele não incide sobre a origem racial das pessoas, mas sobre a cor da pele. Nessa escala, negro é o negro retinto, o mulato já é o pardo e como tal meio branco, e se a pele é um pouco mais clara, já passa a incorporar a comunidade branca. Acresce que aqui se registra, também, uma branquização puramente social ou cultural. É o caso dos negros que, ascendendo socialmente, com êxito notório, passam a integrar grupos de convivência dos brancos, a casar-se entre eles e, afinal, a serem tidos como brancos.

A definição brasileira de negro não pode corresponder a um artista ou a um profissional exitoso.[72]

A sociedade brasileira se forma com a forte participação do africano, se servindo do trabalho escravo daquele povo e, em um segundo momento, como mão de obra sub-remunerada. No entanto, quando a questão é incluí-lo na sociedade do país, o que se faz com o negro é pior do que segregar em regime de *apartheid*: busca-se deixá-lo invisível ou decide-se pela legitimidade da sua aniquilação naquilo que Mbembe chama de processo de necropolítica "facilitado pelos estereótipos racistas e pelo florescimento de um racismo de classe [...]."[73]

Mesmo atualmente, o que se registra é que a situação de desigualdade histórica entre negros e brancos persiste na sociedade brasileira, como destaca Schwarcz ao dizer que os indicadores estatísticos revelam que a população negra tem condições negativas de inclusão social no que se refere à saúde, ao emprego, à educação, ao transporte, à habitação e à segurança alimentar.[74]

Em obra seminal sobre o tema, Almeida e Ribeiro falam em três concepções de racismo, a saber, o individualista, o institucional e o estrutural.[75]

O racismo individualista nada mais é do que um comportamento desviado do padrão ético esperado, em que a pessoa ou um determinado grupo de pessoas age de forma violenta contra outra pessoa em função da cor da sua pele. É o que se dá, por exemplo, nos estádios de futebol quando torcedores atiram bananas ou imitam os gestos de um macaco para hostilizar um jogador ou a torcida adversária. Nesse cenário, o preconceito deve ser combatido a partir da mobilização dos mecanismos penais e indenizatórios para punir o autor de tais atos de maneira a desestimulá-lo à pratica de uma eventual repetição.

O racismo institucional é aquele que se dá a partir da concessão de privilégios, diretos ou indiretos, a certa pessoa por causa do elemento racial. O racismo institucionalizado se dá pelo fato de que os grupos

---

[72] RIBEIRO, Darcy. *O povo brasileiro*: a formação e o sentido do Brasil. 4. ed. São Paulo: Global, 2022. p. 165-169.
[73] MBEMBE, Achille. *Necropolítica*. 3. ed. São Paulo: N1-Edições. 2018. p. 129.
[74] SCHWARCZ, Lilia Moritz. *Sobre o autoritarismo brasileiro*. São Paulo: Companhia das Letras, 2019. p. 175.
[75] ALMEIDA, Silvio Luiz de; RIBEIRO, Djamila (coord.). *Racismo estrutural*. São Paulo: Jandaíra, 2021. (Feminismos Plurais). p. 35.

hegemônicos que externam o racismo individualista se apoderam das instituições com vistas a manter a sua condição de vantagem.

Por fim, o racismo estrutural é assim definido pelo autor:

> Em resumo: o racismo é uma decorrência da própria estrutura social, ou seja, do modo "normal" com que se constituem as relações políticas, econômicas, jurídicas e até familiares, não sendo uma patologia social e nem um desarranjo institucional. O racismo é estrutural. Comportamentos individuais e processos institucionais são derivados de uma sociedade cujo racismo é regra e não exceção. O racismo é parte de um processo social que ocorre "pelas costas dos indivíduos e lhes parece legado pela tradição". Nesse caso, além de medidas que coíbam o racismo individual e institucionalmente, torna-se imperativo refletir sobre mudanças profundas nas relações sociais, políticas e econômicas.[76]

O racismo no Brasil, com seu tom estrutural, além de fazer com que se produza um indesejado efeito de esfacelamento social, ainda culmina no agravamento dos problemas que já assumem gravidade para aqueles que são tidos como não negros.

A questão racial é de tal forma urgente que, quando se cogita de ações afirmativas, quase de forma intuitiva, vêm à mente do debatedor as cotas raciais idealizadas, inicialmente, para o acesso à educação pública de nível superior e, em momento seguinte, a própria ocupação de cargos nos mais diferentes setores do poder público. Tanto isso é verdade, que Feres Júnior e colaboradores relatam que os dados em sua pesquisa revelam que considerar tão somente a condição econômica do grupo beneficiado não é tão eficaz quanto naqueles casos em que se levam em conta os grupos raciais sub-representados.[77]

Nesse ponto, o que se percebe é que a Lei nº 14.133/2021, apesar de dirigir seus esforços na promoção de uma importante alteração social para solucionar a violência de gênero contra mulheres e, ainda, permitir que os egressos do sistema penitenciário tenham condições efetivas de ressocialização, deveria ter considerado os negros autodeclarados, em virtude de, infelizmente, a cor da pele ainda ser um catalisador da desigualdade social.

---

[76] ALMEIDA, Silvio Luiz de; RIBEIRO, Djamila (coord.). *Racismo estrutural*. São Paulo: Jandaíra, 2021. (Feminismos Plurais). p. 50.

[77] FERES JÚNIOR, João *et al*. *Ação afirmativa*: conceito, história e debates. Rio de Janeiro: EdUERJ, 2018. p. 20.

Não havia nenhum obstáculo para que o legislador incluísse entre os grupos vulnerabilizados, cuja mão de obra será exigida nos contratos públicos de prestação de serviços, a previsão da presença dos negros, como já ocorre, repita-se, no ensino superior público e no aceso aos cargos públicos. Não há, portanto, qualquer óbice à sua inclusão, tendo em vista que há lei em vigor estabelecendo como política de inclusão racial o tratamento favorecido nas licitações públicas. Nesse norte, o artigo 39, da Lei nº 12.288/2010, denominado Estatuto Racial assim dispõe:

> Art. 39. O poder público promoverá ações que assegurem a igualdade de oportunidades no mercado de trabalho para a população negra, inclusive mediante a implementação de medidas visando à promoção da igualdade nas contratações do setor público e o incentivo à adoção de medidas similares nas empresas e organizações privadas.[78]

Diante da omissão do legislador, lamenta-se a ausência de tratamento pormenorizado que indique, por exemplo, o percentual de postos de trabalho a serem destinados a esse público, para que se reconheça a efetivação da política igualitária.

Por último, importa citar que a Comissão de Direitos Humanos e Minorias, da Câmara dos Deputados, aprovou a proposta do Projeto de Lei nº 2.067/2021, de autoria da Deputada Benedita da Silva,[79] que determina que o governo exija das empresas contratadas por licitação, cotas de empregados pretos, pardos e indígenas e a adoção de outras medidas de igualdade racial como capacitação e criação de ouvidoria interna ou equipes especializadas em diversidade.

3.3 O papel do fiscal de contrato no controle de efetividade da política pública e da sociedade brasileira

O fiscal de contrato assume relevante papel e ganha um maior protagonismo a partir da publicação da Nova Lei de Licitações e, por

---

[78] BRASIL. *Lei nº 12.288, de 20 de julho de 2010.* Institui o Estatuto da Igualdade Racial; altera as Leis nºs 7.716, de 5 de janeiro de 1989, 9.029, de 13 de abril de 1995, 7.347, de 24 de julho de 1985, e 10.778, de 24 de novembro de 2003. Brasília, DF: Presidência da República, [2013].

[79] AMARAL, Wesley. *Comissão aprova cota racial nas empresas contratadas por licitação.* Direitos Humanos, 5 jan. 2022 . Brasília, DF: Agência Câmara de Notícias, 2022.

via oblíqua, torna-se responsável por garantir a efetividade da política pública inserida no contrato administrativo que lhe é afeto.

3.3.1 A atuação do fiscal de contrato e sua responsabilidade

Considerado como um personagem essencial para a efetividade dos contratos administrativos e com atribuição de suma importância para a Administração Pública, o fiscal de contrato, por muitos anos, teve sua função preterida pelo legislador brasileiro. Basta lembrar que, na Lei nº 8.666/1993, a figura do fiscal só é mencionada em um único dispositivo legal, que sequer utiliza a expressão fiscal, e sim "um representante da Administração especialmente designado", conforme se depreende da leitura do artigo 67.[80]

A Nova Lei de Licitações, em parte, rompe com esse paradigma e traz para o seu texto a nomenclatura "fiscal de contrato", conferindo maior detalhamento sobre os direitos e responsabilidades dessa figura. A atuação desses agentes públicos assume um papel estratégico na concretização das políticas públicas disposta no novo diploma legal, razão pela qual a fiscalização de contratos se torna destaque e é objeto de grande atenção.

O contrato administrativo pode ser conceituado como um acordo bilateral de vontades, que envolve direitos e obrigações recíprocas, firmado entre a Administração Pública e um particular, cujas principais características são o atendimento do interesse público e a presença de cláusulas de desequilíbrio, previstas em lei em favor do ente público. Essas cláusulas são as chamadas cláusulas de privilégio ou cláusulas exorbitantes, ou seja, são aquelas que atribuem à Administração uma posição de maior vantajosidade em relação ao parceiro contratual, sem semelhante hipótese para as relações negociais de direito privado. Elas possuem sede material no artigo 58, da Lei nº 8.666/1993 e no artigo 104, da Lei nº 14.133/2021.

A cláusula exorbitante que se refere à fiscalização merece tratamento mais detido. Para ilustrá-lo, valem os ensinamentos de Pereira Júnior e Dotti:

---

[80] BRASIL. *Lei nº 8.666, de 21 de junho de 1993*. Regulamenta o art. 37, inciso XXI, da Constituição Federal, institui normas para licitações e contratos da Administração Pública e dá outras providências. Brasília, DF: Presidência da República, [2021].

O regime jurídico dos contratos administrativos, instituído pela Lei nº 8.666, de 21 de junho de 1993, confere prerrogativas – em verdade, poderes-deveres – à Administração Pública (art. 58), entre as quais a de fiscalizar a execução dos contratos celebrados. A fiscalização consiste em acompanhar a execução, de forma pró-ativa (sic) e preventiva, com os fins de observar o correto cumprimento, pelo contratado, das obrigações previstas nas cláusulas avençadas, e de prestar ao gestor do contrato as informações que sejam relevantes àquele acompanhamento, seja para atestar-lhes a fiel execução ou para apontar desvios que a comprometam. Os princípios da eficiência e da economicidade não resultam integralmente satisfeitos com o planejamento da licitação ou da contração, com a elaboração de projeto básico ou de termo de referência (e modalidade licitatória do pregão) com nível de precisão adequado, com um edital que observe a isonomia entre os participantes e a busca da proposta mais vantajosa, e, ainda, com um contrato que traduza as necessidades da Administração. É de mister, para que a eficiência e a economicidade se aperfeiçoem, que, na fase de execução do objeto contratado – notadamente em caso de obra ou serviço, posto que na compra somente por exceção se terá a execução diferida no tempo e desdobrada em etapas –, tudo quanto se definiu no projeto, no edital e no contrato seja fielmente executado, de sorte a produzir os resultados planejados. A finalidade de interesse público que moveu a contratação há de encontrar a sua consecução ao cabo da execução.[81]

Com vistas à garantia da fiel execução contratual, caberá ao fiscal de contrato a verificação do cumprimento das obrigações prefixadas para o contratado e a correspondência do objeto recebido com o objeto contratado, rechaçando-se a atuação desse servidor como mero "atestador" de notas fiscais.

Isso reforça a cautela que a Administração Pública deve ter com a escolha do servidor público que desempenhará esse papel na dinâmica da relação contratual com o particular. Por não se tratar de uma função meramente burocrática, é necessário que o servidor escolhido para o papel tenha a qualificação técnica necessária para avaliar a adequação daquilo que é entregue pelo parceiro contratual. Nomear um servidor que não tenha expertise suficiente para exercer a fiscalização coloca em risco a materialização do princípio constitucional setorial

---

[81] PEREIRA JÚNIOR, Jessé Torres; DOTTI, Marinês Restelatto. A responsabilidade dos fiscais da execução do contrato administrativo. *Fórum de Contratação e Gestão Pública*, Belo Horizonte, v. 10, n. 120, p. 9-26, dez. 2011.

da eficiência, na medida em que ele não realizará o que se espera, por falta de conhecimento para tanto.

Assim, não basta nomear o fiscal de contrato sem capacitação adequada, dispensando, dessa forma, o mesmo tratamento a quem cumpre a avença e àquele que, por algum motivo, não desempenha apropriadamente a sua função contratual.

A Nova Lei traz uma redação mais vanguardista e arrojada acerca das obrigações do contratado ao longo de toda a execução contratual e da reserva de cargos prevista em lei para pessoas com deficiência, reabilitados da Previdência Social e aprendizes, além de outras normas específicas, devendo serem citados os grupos vulneráveis trazidos pelo artigo 25, parágrafo 9º, já retratados no capítulo anterior. Esse dispositivo ainda dispõe que a Administração Pública sempre poderá solicitar que o contratado comprove o cumprimento da reserva de vagas com a indicação dos empregados que as preencherem.

Por fim, o artigo 137, inciso IX, prevê, como causa de extinção do contrato, o não cumprimento da reserva de cargos, demonstrando o intuito do legislador em fazer com que a Administração Pública participe mais ativamente da função de conferir efetividade às normas de inclusão social, tal como já ocorre nas ações afirmativas destinadas ao ingresso em universidades e em concursos públicos para contratação de pessoal.

A fiscalização do contrato bem executada por um servidor público habilitado tem a aptidão de fazer com que seja possível avaliar, objetivamente, se os resultados pretendidos com a contratação foram alcançados, e, ainda, no que tange à economicidade, evitar o enriquecimento sem causa do particular em desfavor da Administração Pública.

3.3.2 A importância do PNCP na fiscalização dos contratos pela sociedade

Uma das principais inovações trazidas pela Lei nº 14.133/2021 foi a determinação da criação do Portal Nacional de Contratações Públicas, já conhecido pela sigla PNCP, e que consiste em um sítio eletrônico na internet que tem como objetivo a divulgação dos atos relativos às licitações. Além disso, abdicando da função de um mero concentrador de informações, nos termos do artigo 174, parágrafo 3º, o portal deve manter um registro cadastral unificado, um painel de consulta de preços, um sistema eletrônico para a realização de sessões públicas e, ainda, um sistema de gestão compartilhada de informações a respeito da execução do contrato.

Não é necessária uma reflexão mais aprofundada sobre o novo instrumento para perceber que ele se consubstancia em uma ferramenta potencialmente poderosa à disposição dos órgãos de controle e, em última análise, da sociedade, uma vez que confere inegável transparência aos procedimentos de contratações públicas.

Assim, essa inovação trazida pela Nova Lei tem vistas ao cumprimento do princípio constitucional setorial da publicidade, e se caracteriza pela divulgação centralizada e obrigatória dos atos exigidos em sede de licitações e contratos, tais como planos de contratação anuais, editais de credenciamento e de pré-qualificação, avisos de contratação direta, de editais de licitação e respectivos anexos, atas de registro de preços, contratos e termos aditivos, da União, dos estados e dos municípios.

Acrescenta-se, ainda, que também está previsto, para o referido portal, a disponibilização de um sistema de planejamento e gerenciamento de contratações, um sistema eletrônico para a realização de sessões públicas, um acesso ao Cadastro Nacional de Empresas Inidôneas e Suspensas (CEIS) e ao Cadastro Nacional de Empresas Punidas (CNEP) e, por fim, um sistema de gestão que possibilita o compartilhamento de informações referentes à execução contratual com a sociedade. E é aqui, neste último caso, que, por meio de regulamento, haverá uma comunicação entre a população e representantes da Administração e do contratado designados para prestar as informações e esclarecimentos pertinentes, conforme destaca a alínea c, inciso VI, parágrafo 3º do artigo 174 da Nova Lei.

Nesse cenário, o referido portal concede maior transparência aos atos e contratos administrativos, servindo como uma forma de controle político-social, e não um mero substitutivo eletrônico do vetusto Diário Oficial. Além disso, trata-se de um importante elo entre a Administração Pública, seus fornecedores e a sociedade civil, buscando o que é tão caro à democracia brasileira: a confiança do cidadão no processo de compras públicas. Constitui-se, dessa maneira, verdadeiro exercício de cidadania, já que nas palavras de Motta: "a lei não pode evitar a corrupção, mas a sociedade, esta sim, pode eliminá-la através da participação e da vigilância."[82]

---

[82] MOTTA, Carlos Pinto Coelho. *Eficácia nas licitações e contratos*. 8. ed. Belo Horizonte: Del Rey, 2001. p. 536.

O PNCP teve sua versão inaugural disponibilizada em agosto de 2022 e vem passando por melhorias e ampliação quanto à divulgação das matérias exigidas pelo parágrafo 2º do artigo 174 da Nova Lei. Dessa forma, o que se espera é que o portal seja um recurso eficaz para o controle social daqueles contratos nos quais se incluirão as ações afirmativas.

3.4 Os editais do Senado Federal: um caso de sucesso

Muito antes da publicação da Lei nº 14.133/2021, o Senado Federal, por meio do Ato da Comissão Diretora nº 4, de 24 de junho de 2016 (ATC 4/2016), instituiu o Programa de Assistência à Mulheres em Situação de Vulnerabilidade Econômica em Decorrência de Violência Doméstica e Familiar, o qual preceitua que:

> Art. 1º Este Ato institui, no âmbito do Senado Federal, o Programa de Assistência a Mulheres em situação de vulnerabilidade econômica em decorrência de violência doméstica e familiar.
> §1º Em atendimento ao disposto no *caput*, os contratos de prestação de serviços continuados e terceirizados do Senado Federal reservarão o percentual mínimo de dois por cento das vagas para mulheres em situação de vulnerabilidade econômica decorrente de violência doméstica e familiar, desde que o contrato envolva cinquenta ou mais trabalhadores, atendida à qualificação profissional necessária.
> §2º As empresas prestadoras de serviços continuados e terceirizados realizarão processo seletivo para a contratação das trabalhadoras mediante acesso a cadastro mantido por instituições públicas parceiras do Programa.
> §3º A identidade das trabalhadoras contratadas em atendimento ao Programa será mantida em sigilo pela empresa, sendo vedado qualquer tipo de discriminação no exercício das suas funções.
> Art. 2º Os editais de licitação que visem à contratação de empresas para a prestação de serviços continuados e terceirizados no âmbito do Senado Federal conterão cláusula estipulando a reserva de vagas de que trata o §1º do art. 1º, durante toda a execução contratual.[83]

---

[83] BRASIL. Senado Federal. *Ato da Comissão Diretora nº 4 de 2016*. Institui o Programa de Assistência a Mulheres em situação de vulnerabilidade econômica em decorrência de violência doméstica e familiar. Brasília, DF: Senado Federal, 2016.

Ato contínuo, com vistas a regulamentar os procedimentos necessários para o cumprimento do ATC 4/2016, a Diretoria-Geral do Senado editou o Ato da Diretoria-Geral nº 22, de 11 de novembro de 2016 (ADG 22/2016), nos seguintes termos:

> Art. 1º Para cumprimento do disposto no Ato da Comissão Diretora nº 4 de 2016, o Senado Federal estabelecerá acordo de cooperação com entidade pública responsável pela política de atenção a mulheres vítimas de violência. [...]
> Art. 2º O órgão mencionado do artigo 1o será responsável por elaborar relação nominal de mulheres vítimas de violência doméstica e familiar que atendam aos requisitos profissionais necessários para o exercício da atividade objeto de contrato firmado pelo Senado Federal para prestação de serviços continuados e terceirizados.
> Art. 3º Após a homologação da licitação, a empresa declarada vencedora do certame deverá entrar em contato com a entidade pública a que se refere o art. 1º deste Ato para obter a relação nominal de mulheres vítimas de violência doméstica e familiar, devendo selecionar, entre as indicadas, o número necessário de trabalhadoras que atenta ao quantitativo previsto no §1º do art. 1º do Ato da Comissão Diretora nº 4 de 2016. [...]
> Art. 4º Realizada a seleção e mediante prova da contratação, o órgão mencionado no art. 1º emitirá declaração de que a empresa cumpre a obrigação contratual de que trata o §1º do art. 1º do Ato da Comissão Diretora nº 4 de 2016.[84]

Por meio de tais atos normativos, foi firmado entre a Diretoria-Geral do Senado e a Secretaria de Estado de Trabalho, Desenvolvimento Social, Mulheres, Igualdade Racial e Direitos Humanos, um Acordo de Cooperação Técnica, hoje denominada Secretaria de Estado da Mulher do Distrito Federal (SMDF), objetivando a operacionalização efetiva do programa.

A partir desse marco, a empresa vencedora do certame em procedimentos licitatórios do Senado Federal que vise à contratação de mão de obra terceirizada, cujo quantitativo seja superior a 50 postos de trabalho, será obrigada a contatar com a Secretaria de Estado da Mulher do Distrito Federal a fim de realizar processo seletivo que inclua mulheres vítimas de violência doméstica atendidas por aquela

---

[84] BRASIL. Senado Federal. *Ato da Diretoria-Geral nº 22, de 11 de novembro de 2016*. Estabelece procedimentos para cumprimento do Programa de Assistência a Mulheres em situação de vulnerabilidade econômica em decorrência de violência doméstica e familiar. Brasília, DF: Senado Federal, 2016.

secretaria, havendo, inclusive, cláusula contratual com previsão de multa em caso de descumprimento.

Um recente exemplo é o Edital de Pregão Eletrônico nº 050/2018 do Senado Federal, cuja minuta de contrato é a seguinte:

> ANEXO 8 – MINUTA DE CONTRATO [...]
> CLÁUSULA SEGUNDA – DAS OBRIGAÇÕES E RESPONSABILIDADES DA CONTRATADA
> PARÁGRAFO PRIMEIRO – No mínimo 20% (vinte por cento) das vagas previstas neste contrato deverão ser preenchidas por trabalhadores afrodescendentes, durante toda a execução contratual, conforme Ato da Comissão Diretora nº 07 de 2014.
> PARÁGRAFO SEGUNDO – Reservar no mínimo 2% (dois por cento) das vagas previstas neste contrato para mulheres em situação de vulnerabilidade econômica decorrente de violência doméstica e familiar, atendida a qualificação profissional necessária, conforme Ato da Comissão Diretora nº 4 de 2016, regulamentado pelo Ato da Diretoria-Geral nº 22 de 2016 (Anexo 17 do edital).
> I – A identidade das trabalhadoras contratadas será mantida em sigilo pela CONTRATADA, sendo vedado qualquer tipo de discriminação no exercício das suas funções.[85]

Após a realização do processo seletivo e a contratação das mulheres aprovadas, a referida secretaria atesta que a empresa cumpriu com o Ato da Comissão Diretora nº 4/2016, do Senado Federal. Frisa-se que, não havendo, na Secretaria, mulheres vítimas de violência doméstica que atendam às qualificações técnicas necessárias para a vaga a ser preenchida, a Secretaria emitirá certidão nesse sentido, acarretando a desobrigação da empresa no cumprimento da obrigação. Esclarece-se que, periodicamente, essas certidões necessitam ser renovadas com o fito de verificar se as empresas permanecem cumprindo com sua obrigação contratual.

É de notório conhecimento a existência do programa no interior do Senado Federal. Contudo, com o intuito de preservar a identidade das mulheres atendidas, somente a alta administração da casa tem o conhecimento de quem são essas vítimas e, atualmente, existem pouco

---

[85] SENADO FEDERAL. Comissão permanente de licitação. *Edital nº 050/2018*. Brasília, DF: Senado Federal, 2018. Disponível em: https://www.senado.leg.br/transparencia/liccontr/licitacoes/download.asp?COD_LICITACAO=44783.

mais de 30 mulheres, nessa situação, trabalhando no Senado em virtude do programa.

Na esteira premiada do Senado Federal e, com vistas ao atendimento dos ODS da Agenda 2030, há outros órgãos que também emanaram regulamentações no mesmo sentido, como a Procuradoria-Geral de Justiça do MPDFT (Portaria nº 507/2017), o Estado de Goiás (Lei nº 20.190/2018), o Estado de Santa Catarina (Instrução Normativa nº 9/2019 da Secretaria de Estado da Administração), o Estado do Rio Grande do Norte (Lei nº 10.171/2017), a Prefeitura Municipal de Florianópolis (Decreto nº 21.796/2020) e a Nova Lei de Licitações.

Some-se o fato de que, em maio de 2022, o STJ, no mesmo sentido do Senado Federal, instituiu a cota para mulheres em situação de vulnerabilidade econômica decorrente de violência doméstica e familiar, nos contratos de serviços contínuos daquela corte (Instrução Normativa nº 15/2022). Também a Câmara dos Vereadores de Guaratinguetá, em novembro de 2022, aprovou por unanimidade o projeto de lei que dispõe sobre o estímulo à contratação de mulheres vítimas de violência doméstica e dependentes economicamente de parceiros, sendo as vagas, em contratos de serviços públicos no município, relacionadas à contratação de mão de obra para a Prefeitura, definidas de acordo com licitações ou pregões compatíveis com a execução do trabalho da vítima.

Decerto que a implementação de tais medidas não tem o condão de erradicar a desigualdade de oportunidades de trabalho das mulheres no Brasil, em especial aquelas que sofrem violência doméstica. Entretanto, é um grande passo para uma vida mais digna às mulheres que sofreram agressões de todo tipo dentro de seus próprios lares, principalmente garantindo que tenham meios econômicos para romper os laços com o agressor a partir da sua emancipação financeira pelo trabalho formal.

Inobstante a necessidade de que as mulheres vítimas de violência recebam um tratamento diferenciado do Estado para que possam, a partir do ingresso no mercado formal de trabalho, cessar o quadro de revitimização pelo rompimento dos vínculos de dependência financeira com o agressor, não se pode perder de vista o desafio imposto ao poder público no controle das informações.

O direito à proteção de dados, com assento no art. 5º, inciso LXXIX, da Constituição Federal da República de 1988, regulamentado pela Lei nº 13.709/2018, obriga que o poder público tenha cautela com a gestão de informações pessoais dos particulares, principalmente aquelas que podem ensejar alguma espécie de estigma. É indispensável, nesse cenário, que a autoridade de dados do órgão que realizará a contratação tenha máxima cautela com a gestão das informações que indiquem que aquela colaboradora contratada a partir da cota reservada pela Lei nº 14.133/2021 é vítima de violência de gênero.

Não é preciso especular para chegar à conclusão de que o eventual vazamento de tais informações pode comprometer o verdadeiro escopo da legislação inovadora e amplificar o grave quadro de discriminação contra a vítima de violência doméstica.

Não é demais dizer que o papel dos órgãos de controle, principalmente dos Tribunais de Contas, como o TCU, é essencial para recomendar e fomentar a adoção dessas medidas nos certames licitatórios e, por via oblíqua, garantir a efetivação dessa importante política social, o que pode se dar a partir de um trabalho contínuo de auditoria sobre os editais de licitações que estejam no âmbito da sua competência, da mesma forma, pelo monitoramento da regular execução das contratações, fiscalizando se o percentual de vagas é efetivamente acatado pela Administração Pública contratante.

Andou mal o legislador, ao prever como uma mera faculdade do gestor público, a inclusão de tais cláusulas de percentual de mão de obra feminina vítima de violência doméstica.

3.5 Aparentes entraves às ações afirmativas no processo licitatório

A fim de que se concretize a sustentabilidade social, é indispensável ultrapassar alguns paradigmas do Estado e algumas crenças limitantes da sociedade e que norteiam a aplicação das ações afirmativas nas contratações públicas brasileiras.

Ganham destaque nesse ponto os seguintes entraves: (i) a busca incessante do menor preço e não do melhor preço; (ii) os argumentos contrários à utilização das cotas, por conta de uma presunção de que haveria um aumento do custo transacional; (iii) a falta de capacitação dos fiscais de contrato para que exerçam essa função; (iv) a ausência de comunicação entre os órgãos e entidades da Administração Pública com o intuito de implementar, efetivamente, essas ações, como ocorre entre o Senado Federal e a Secretaria da Mulher do Distrito Federal.

O primeiro argumento utilizado para apontar como um entrave na concretização da função social das licitações públicas já foi objeto de debate em outro momento nesta obra, e diz respeito à busca pela proposta que veicule o menor preço a ser pago pelo Estado na contratação. Nesse ponto, é imperioso que a Administração Pública abandone a sua visão ultrapassada de que a contratação mais vantajosa para o ente público é aquela que implica despesa mais modesta, haja vista que, não raras vezes, acaba por redundar em uma contratação ineficiente com aquisição de produtos e serviços de menor qualidade, como são os casos da caneta que não escreve, do café com péssimo sabor e da obra que não é entregue conforme ajustado em contrato e de acordo com o interesse público.

A Nova Lei de Licitações, dotada de uma carga principiológica mais destacada que a anterior, e preocupada com o planejamento da contratação, dá um claro alerta de que a alta administração do órgão ou entidade é responsável pela governança das contratações e deve implementar processos e estruturas em suas contratações, com vistas a promover a eficiência, a efetividade e a eficácia.

Nesse sentido, o artigo 11, responsável por trazer o rol dos objetivos do processo licitatório, destaca que deve ser assegurada a seleção da proposta apta a gerar o resultado de contratação mais vantajoso para a Administração Pública, inclusive no que se refere ao ciclo de vida do objeto. Em momento algum, a lei faz menção a uma preocupação exclusiva com o menor preço, devendo assim ser entendido o conceito perseguido pela legislação como o do melhor preço.

Verifica-se que são poucos os órgãos e as entidades da Administração Pública que aderem ao emprego das ações afirmativas nas contratações públicas para essa parcela discriminada da sociedade. É certo que elas geram olhares desconfiados e preconceituosos a seu respeito e, por tal motivo, é indispensável que o gestor e a própria sociedade se municiem com a segurança necessária para empregá-las e para que a lei possa produzir os seus efeitos com a utilização, na medida do possível, dessas medidas nas políticas públicas.

O segundo entrave está relacionado à alegação de que o incremento de ações afirmativas acarretaria em um aumento de custo transacional para as licitações. Nesse aspecto, aqueles que trazem esse pseudoargumento para rechaçar as ações afirmativas nas licitações públicas o fazem baseados em um censurável discurso de preconceito, principalmente por não existir qualquer estudo empírico sério e baseado em parâmetros racionais que aponte um paralelismo entre o uso das medidas de inclusão e o aumento do custo.

A contratação de pessoas em situação de vulnerabilidade social não exige nenhuma despesa além daquelas que já são devidas pela contratação de qualquer profissional. Na verdade, o que se vê é que a contratação de pessoas que sofrem um quadro de desigualdade traz um benefício social destacado, posto que contribui para a consecução dos projetos constitucionais.

É um verdadeiro absurdo questionar uma providência tão pertinente do legislador sem uma base empírica sólida para tanto, o que aparenta, infelizmente, tratar-se de um subterfúgio para preservar o atual estado de coisas e perpetuar uma sociedade que é patologicamente desigualitária e exclusivista, em que a atuação do poder público no setor econômico se justifica apenas para a satisfação dos interesses, muitas vezes espúrios, de grandes investidores econômicos, muitos dos quais estrangeiros, posicionando o Brasil, em pleno século XXI, como um polo de exportação de *commodities* e de obtenção de lucro exorbitante a partir da exploração dos recursos econômicos sem a partilha do seu produto.

O terceiro entrave, não menos importante que os anteriores, se refere à falta de capacitação dos fiscais de contrato. Muitas das vezes, o servidor público é nomeado sem qualquer informação prévia por parte da Administração sobre o que deve fazer para fiscalizar uma obra ou serviço, somente tomando ciência de que exerce aquela importante atribuição no momento em que se verifica algum problema advindo daquele contrato. Pior ainda, em alguns casos, ele acaba responsabilizado por não ter executado a contento as suas atividades, justamente por desconhecê-las.

Repita-se: não basta que a Administração nomeie determinado servidor como fiscal de contrato, necessário se faz que lhe conceda meios para que possa exercer uma fiscalização eficaz.

Por fim, o quarto entrave diz respeito à ausência de comunicação entre os próprios órgãos e entidades que compõem a Administração Pública. Para que as ações afirmativas possam ser implementadas, é necessário que os órgãos públicos se comuniquem, principalmente, para fazer com que os beneficiários das medidas sejam localizados para ocuparem as vagas.

A existência de um banco de dados com o acesso facilitado para todos os órgãos da Administração Pública seria suficiente, inclusive, para rechaçar a crítica do custo para o particular, haja vista que, dessa maneira, bastaria que ele recorresse ao sistema para ocupar as vagas destinadas aos cotistas. Não se trata de tarefa das mais complexas, tendo em vista que as informações sobre as vítimas de violência de gênero ou os dados dos egressos do sistema penitenciário constam dos registros dos Tribunais de Justiça ou das secretarias especializadas no Poder Executivo.

CONSIDERAÇÕES FINAIS

Da reunião dos dados selecionados para a escrita desta obra e do estudo do caso implementado pelo Senado Federal, bem como por meio da comparação entre as redações da nova legislação e a da Lei nº 8.666/1993, pôde-se chegar a algumas contribuições para o debate sobre como as ações afirmativas podem ser um forte instrumento inclusivo por parte do Estado, a fim de se concretizar os objetivos constitucionais.

Para tanto, foi fundamental o recorte que envolve os grupos em situação de vulnerabilidade escolhidos pela Lei nº 14.133/2021, e que provocou uma imersão das compras públicas no processo de transformação social, a partir da interferência da legislação em favor da inclusão de pessoas que, historicamente, sofrem injustas e graves restrições no que tange ao acesso às oportunidades, como é o caso das vagas no mercado formal de trabalho.

Algumas contribuições teóricas podem ser extraídas dessa reflexão.

A primeira é constatação sobre a necessidade de uma reinterpretação axiológica do instituto, no sentido de compreender-se ser necessário que o processo licitatório atue na dinâmica das relações com uma nítida função social. As licitações, na contemporaneidade, também estão impregnadas pelos valores constitucionais, inclusive aquele que pressupõe que essa função esteja inserida em todos os instrumentos jurídicos.

Pretérito é o tempo, como já se disse, em que as licitações públicas eram concebidas como um instrumento necessário à obtenção daquela proposta que fosse economicamente mais modesta para a Administração Pública. Hoje não é mais razoável, quiçá defensável, buscar de forma cega o menor preço, ignorando as condições de um melhor preço para a concretização do interesse público.

A urgência na adoção de um discurso antidiscriminatório nas licitações públicas é outra constatação verificada nesta análise, porque, como visto, há quem defenda a inadequação desse instrumento exclusivamente com base em uma visão preconceituosa sobre a aptidão para o desempenho de atividades profissionais corriqueiras daquelas pessoas que estão inseridas nos grupos vulneráveis eleitos pelo legislador.

É verdade que essa compreensão pejorativa em torno das ações afirmativas não fica adstrita aos limites do Direito Administrativo, mas alcança, o que se fala com pesar, qualquer providência do poder público para reduzir uma situação originária de desigualdade a partir de um tratamento inclusivo mais favorável às pessoas que, por sua condição histórica ou subjetiva, não se encontram nas mesmas condições de competitividade que uma outra parcela da população. Trata-se da engelhada discussão em torno da necessidade de uma igualdade material para a concretização de uma sociedade realmente justa e paritária em oportunidades e divisão de riquezas.

Ressalte-se uma séria limitação experimentada durante este trajeto, principalmente no que se refere ao conteúdo doutrinário, por se tratar de um tema que envolve uma lei recentemente editada e, ainda, uma cultura pueril em torno da compreensão de uma funcionalidade social para as compras públicas.

Essas dificuldades, todavia, não representaram um impedimento para que se desenvolvesse o objeto aqui proposto.

É possível dizer que a ausência de uma regulamentação adequada frustrou, até certo ponto, o cumprimento do objetivo da Lei nº 14.133/2021 de fazer com que o Estado, em sua posição privilegiada de agente econômico, atuasse na redução das desigualdades, beneficiando os grupos vulneráveis.

Tal situação perdurou desde o início da vigência da Nova Lei até a publicação do Decreto nº 11.430/2023, a partir do que, no plano nacional, tem-se uma experiência bem-sucedida na inclusão de grupos vulneráveis por meio das licitações. Exemplo de inclusão é também aquele do caso do Senado Federal que, antes mesmo do advento da Nova Lei, já previa em seus editais e contratos a reserva de vagas para mulheres vítimas de violência doméstica.

Na experiência jurídica comparada, também foi possível encontrar medidas semelhantes àquela que foi estabelecida pela Nova Lei de

Licitações, a exemplo da Diretiva 2014/24/UE do Parlamento Europeu e do Conselho, relativa à inclusão da dimensão social da sustentabilidade nas compras públicas dos países integrados no âmbito da União Europeia.

Enfim, no cenário brasileiro, é inegável que o controle da efetividade do dispositivo legal, para o atendimento do seu escopo social, se dará pela da atuação dos fiscais de contrato no desempenho das suas atribuições, o que demandará uma capacitação suficiente para que detenham os conhecimentos necessários para tanto, bem como pela própria sociedade civil organizada por meio do uso do PNCP.

REFERÊNCIAS

ABREU, Sérgio. O princípio da igualdade: a (in)sensível desigualdade ou a isonomia matizada. *In:* PEIXINHO, Manoel Messias; GUERRA, Isabella Franco; NASCIMENTO FILHO, Firly (org.). *Os princípios da Constituição de 1988.* 2. ed. Rio de Janeiro: Lumen Juris, 2006.

ALMEIDA, Silvio Luiz de; RIBEIRO, Djamila (coord.). *Racismo estrutural.* São Paulo: Jandaíra, 2021. (Feminismos Plurais)

AMARAL, Wesley. *Comissão aprova cota racial nas empresas contratadas por licitação.* Direitos Humanos, 5 jan. 2022, Brasília, DF: Agência Câmara de Notícias, 2022. Disponível em: https://www.camara.leg.br/noticias/843045-comissao-aprova-cota-racial-nas-empresas-contratadas-por-licitacao/. Acesso em: 24 ago. 2023.

ANDRADE, Melissa Lara. Controvérsia na aplicação da obrigatoriedade de contratação dos egressos do sistema prisional nas licitações públicas. *In:* RAMOS, Edith Maria Barbosa; SANTIN, Janaína Rigo; CRISTÓVAM, José Sérgio da Silva. *Encontro de Direito Administrativo e Gestão Pública III*, p. 257-262, 23/30 jun. 2020. Florianópolis: CONPEDI, 2020. Disponível em: http://site.conpedi.org.br/publicacoes/olpbq8u9/e8qcnq25/4C008urPE1N65n04.pdf. Acesso em: 24 ago. 2023.

BARRETO, Lucas Hayne Dantas; SARAI, Leandro (org.). *Tratado da Nova Lei de Licitações e Contratos Administrativos:* Lei 14.133/21 Comentada por Advogados Públicos. Salvador: JusPodivm, 2021.

BARROSO, Luís Roberto. *A dignidade da pessoa humana no Direito Constitucional contemporâneo.* Belo Horizonte: Fórum, 2013.

BINENBOJM, Gustavo. *Uma teoria do Direito Administrativo:* direitos fundamentais, democracia e constitucionalização. 2. ed. Rio de Janeiro: Renovar, 2008.

BOFF, Leonardo. *Sustentabilidade*: o que é – o que não é. Petrópolis: Vozes, 2012.

BRASIL. Advocacia Geral da União. *Parecer nº 00001/2021/CNS/CGU/AGU.* Uniformiza critérios e práticas de sustentabilidade nas contratações públicas. Brasília, DF: AGU, 3 ago. 2021. Disponível em: https://www.gov.br/agu/pt-br/composicao/cgu/cgu/modelos/licitacoesecontratos/copy_of_ PARECER01.2021CNS.pdf. Acesso em: 31 jul. 2022.

BRASIL. *Lei nº 12.288, de 20 de julho de 2010.* Institui o Estatuto da Igualdade Racial; altera as Leis nºs 7.716, de 5 de janeiro de 1989, 9.029, de 13 de abril de 1995, 7.347, de 24 de julho de 1985, e 10.778, de 24 de novembro de 2003. Brasília, DF: Presidência da República, [2013]. Disponível em: https://www.planalto.gov.br/ccivil_03/_ato2007-2010/2010/lei/l12288.htm. Acesso em: 24 ago. 2023.

BRASIL. *Lei nº 8.666, de 21 de junho de 1993*. Regulamenta o art. 37, inciso XXI, da Constituição Federal, institui normas para licitações e contratos da Administração Pública e dá outras providências. Brasília, DF: Presidência da República, [2021]. Disponível em: https://www.planalto.gov.br/ccivil_03/leis/l8666cons.htm. Acesso em: 31 jul. 2022.

BRASIL. Senado Federal. *Ato da Comissão Diretora nº 4 de 2016*. Institui o Programa de Assistência a Mulheres em situação de vulnerabilidade econômica em decorrência de violência doméstica e familiar. Brasília, DF: Senado Federal, 2016. Disponível em: https://adm.senado.leg.br/normas/ui/pub/normaConsultada;jsessionid=F79944EB3999D676840 6ADFC2DCB24FB.tomcat-2?0&idNorma=13802150. Acesso em: 30 ago. 2023.

BRASIL. Senado Federal. *Ato da Diretoria-Geral nº 22, de 11 de novembro de 2016*. Estabelece procedimentos para cumprimento do Programa de Assistência a Mulheres em situação de vulnerabilidade econômica em decorrência de violência doméstica e familiar. Brasília, DF: Senado Federal, 2016. Disponível em: https://adm.senado.leg.br/normas/ui/pub/nor maConsultada?2&idNorma=13835163. Acesso em: 30 ago. 2023.

BRASIL. Supremo Tribunal Federal (Plenário). *Arguição de descumprimento de preceito fundamental 186/DF*. Arguição de descumprimento de preceito fundamental. Atos que instituíram sistema de reserva de vagas com base em critério étnico-racial (cotas) no processo de seleção para ingresso em instituição pública de ensino superior. Alegada ofensa aos arts. 1º, *caput*, III, 3º, IV, 4º, VIII, 5º, I, II XXXIII, XLI, LIV, 37, *caput*, 205, 206, *caput*, I, 207, *caput*, e 208, V, todos da Constituição Federal. Ação julgada improcedente. Relator: Min. Ricardo Lewandowski, 26 abr. 2012. Disponível em: https://redir.stf.jus.br/paginadorpub/paginador.jsp?docTP=TP&docID=6984693. Acesso em: 31 jul. 2022.

BRASIL. Supremo Tribunal Federal (Pleno). *Acórdão nº 3.540/2005*. Meio ambiente. Direito à preservação de sua integridade (Cf. Art. 225). Prerrogativa qualificada por seu caráter de metaindividualidade [...] Decisão não referendada. Consequente indeferimento da medida liminar. Relator: Ministro Celso de Mello, 1 set. 2005. Brasília: STF, 2005. Disponível em: https://redir.stf.jus.br/paginadorpub/paginador.jsp?docTP=AC&docID=387260. Acesso em: 20 ago. 2023.

BRASIL. Tribunal de Contas da União (Plenário). *Acórdão nº 1.225/2014*. Pedido de reexame em processo de representação. Questionamento acerca da exigência de certificado, de acordo com norma da ABNT. Considerações acerca do assunto. Possibilidade de se fazer tal exigência, desde que tecnicamente justificada. Provimento dos recursos. Exclusão da multa aplicada aos recorrentes. Relator: Ministro Aroldo Cedraz, 14 maio 2014. Brasília: TCU, 2014. Disponível em: https://pesquisa.apps.tcu.gov.br/documento/acordao-completo/1225/NUMACORDAO%253A1225%2520ANOACORDAO%253A2014%2520 COLEGIADO%253A%2522Plen%25C3%25A1rio%2522/DTRELEVANCIA%2520desc% 252C%2520NUMACORDAOINT%2520desc/0. Acesso em: 31 jul. 2022.

CALDAS, Roberto Correia da Silva. Contratação pública sustentável no Brasil: a evolução legislativa e sua transição. *Revista de Direito Brasileira*, Florianópolis, v. 30, n. 11, p. 239-264, set./dez. 2021. Disponível em: https://www.indexlaw.org/index.php/rdb/article/view/7537/6239. Acesso em: 16 ago. 2023.

CANOTILHO, José Joaquim Gomes. *Direito Constitucional e Teoria da Constituição*. 5. ed. Coimbra: Almedina, 2002.

CARVALHO, Raquel. Dos fundamentos das ações afirmativas ao Decreto Federal nº 9.450/2018: o poder de compra do estado em favor dos presos e egressos do sistema penitenciário. *RC Raquel Carvalho Direito Administrativo*, 25 jul. 2018. Disponível em: http://raquelcarvalho.com.br/2018/07/25/dos-fundamentos-das-acoes-afirmativas-ao-decreto-federal-no-9-450-2018-o-poder-de-compra-do-estado-em-favor-dos-presos-e-egressos-do-sistema-penitenciario/. Acesso em: 8 out. 2022.

CONFERÊNCIA DAS NAÇÕES UNIDAS SOBRE DESENVOLVIMENTO SUSTENTÁVEL. *Declaração do Rio sobre meio ambiente e desenvolvimento*, Rio de Janeiro, em 22 de junho de 2012. Disponível em: http://www.rio20.gov.br/documentos/documentos-da-conferencia/o-futuro-que-queremos/at_download/the-future-we-want.pdf. Acesso em: 31 jul. 2022.

CONFERÊNCIA DAS NAÇÕES UNIDAS SOBRE MEIO AMBIENTE E DESENVOLVIMENTO. *Declaração do Rio de Janeiro*, Rio de Janeiro, em 14 de junho de 1992. Disponível em: https://www.scielo.br/j/ea/a/szzGBPjxPqnTsHsnMSxFWPL/?lang=pt. Acesso em: 31 jul. 2022.

CUNDA, Daniela Zago Gonçalves da; VILLAC, Teresa. Contratações públicas sustentáveis e a atuação da advocacia pública e dos Tribunais de Contas: um apelo à última geração. *In*: WARPECHOWSKI, Ana Cristina Moraes (coord.); GODINHO, Heloisa Helena Antonacio Monteiro (coord.); IOCKEN, Sabrina Nunes (coord.). *Políticas públicas e os ODS da Agenda 2030*. Belo Horizonte: Fórum, 2021.

DALLARI, Dalmo de Abreu. *Elementos da Teoria Geral do Estado*. 21. ed. São Paulo: Saraiva, 2000.

DISTRITO FEDERAL. Tribunal de Justiça (2ª Turma Criminal). *Acórdão nº 1152502*. Recurso em sentido estrito. Aplicação da lei 11.340/06 (Maria da Penha). Vítima transexual. Aplicação independente de alteração do registro civil. Competência do juizado de violência doméstica e familiar contra a mulher. Recurso provido. Relator: Desembargador Silvanio Barbosa dos Santos, 14 fev. 2019. Brasília, DF: TJ, 2019. Disponível em: https://pesquisajuris.tjdft.jus.br/IndexadorAcordaos-web/sistj?visaoId=tjdf.sistj.acordaoeletronico.buscaindexada.apresentacao.VisaoBuscaAcordao&controladorId=tjdf.sistj.acordaoeletronico.buscaindexada.apresentacao.ControladorBuscaAcordao&visao Anterior=tjdf.sistj.acordaoeletronico.buscaindexada.apresentacao.VisaoBuscaAcordao& nomeDaPagina=resultado&comando=abrirDadosDoAcordao&enderecoDoServlet=sistj historicoDePaginas=buscaLivre&quantidadeDeRegistros=20&baseSelecionada=BASE_ACORDAOS&numeroDaUltimaPagina=1&buscaIndexada=1&mostrarPaginaSelecao TipoResultado=false&totalHits=1&internet=1&numeroDoDocumento=1152502. Acesso em: 24 ago. 2023.

ESTORNINHO, Maria João. *Curso de Direito dos Contratos Públicos:* por uma contratação pública sustentável. Coimbra: Almedina, 2014.

ESTORNINHO, Maria João. *Green public procurement*. Lisboa: Instituto de Ciências Jurídico-Políticas da Universidade de Lisboa, 27 abr. 2012. Disponível em: https://www.icjp.pt/sites/default/files/media/texto_profa_mje.pdf. Acesso em: 2 nov. 2022.

FAVARETTO, Sonia. As 4 fases do EESG. *Revista RI - Relações com Investidores*, Rio de Janeiro, n. 244, set. 2020.

FENILLI, Renato. A Nova Lei de Licitações e as mulheres vítimas de violência doméstica: #somostodosgloria. *Sollicita Portal*, 8 mar. 2021. Disponível em: https://www.sollicita.com.br/Noticia/?p_idNoticia=17429&n=a-nova-lei-de-licitações-. Acesso em: 28 dez. 2022.

FENILLI, Renato. *Governança em aquisições públicas:* teoria e prática à luz da realidade sociológica. Niterói: Impetus, 2018.

FERES JÚNIOR, João et al. *Ação afirmativa:* conceito, história e debates. Rio de Janeiro: EdUERJ, 2018.

FERRAZ, Luciano. Função Regulatória da Licitação. *Revista do Tribunal de Contas do Estado de Minas Gerais*, Belo Horizonte, v. 72, ano XXVII, n. 3, jul./set. 2009.

FERREIRA, Daniel. *A licitação pública no Brasil e sua finalidade legal:* a promoção do desenvolvimento nacional sustentável. Belo Horizonte: Fórum, 2012.

FERREIRA, Daniel; MACIEL FILHO, Fernando Paulo da Silva. O trabalho dos discriminados estimulado pelas licitações e pelos contratos administrativos. *Revista Jurídica*, Curitiba, v. 1, n. 30, p. 312-340, 2013. Disponível em: http://revista.unicuritiba.edu.br/index.php/RevJur/article/view/565/437. Acesso em: 3 dez. 2022.

FREITAS, Juarez. *Sustentabilidade:* direito ao futuro. 4. ed. Belo Horizonte: Fórum, 2019.

GOMES, Joaquim Benedito Barbosa. *Ação afirmativa & princípio constitucional da igualdade.* Rio de Janeiro: Renovar, 2001.

GOMES, Laurentino. *Escravidão:* do primeiro leilão de cativos em Portugal à morte de Zumbi dos Palmares. Rio de Janeiro: Globo livros, 2019. v. 1.

GONZALEZ, Marcelo Sasso. Resenha do livro Os donos do poder: formação do patronato brasileiro – de Raymundo Faoro. *Revista Direitos Democráticos & Estado Moderno*, São Paulo, v. 1, n. 4, p. 169-172, jan./abr. 2022.

HORTA FILHO, Francisco Alves da Cunha; LEITÃO, Gisella Maria Quaresma. A utilização das compras públicas na emancipação financeira da mulher vítima de violência de gênero. *In*: SEMINÁRIO INTERNACIONAL SOBRE DIREITOS HUMANOS FUNDAMENTAIS, 7., v. 2, 7-8 jun. 2021, On-line. *Anais [...]*. On-line: Universidade Federal Fluminense, 2021. Disponível em: https://drive.google.com/file/d/1hVVwDmAKaXtSapR3qoc3cqFbhvB7G1Mp/view. Acesso em: 3 dez. 2022.

JUSTEN FILHO, Marçal. *Comentários à lei de licitações e contratações administrativas:* Lei 14.133/2021. São Paulo: Revista dos Tribunais, 2021.

LEITÃO, Gisella Maria Quaresma. A justiça social na atuação econômico-contratual do Estado pelas ações afirmativas. In: SEMINÁRIO INTERINSTITUCIONAL E INTERNACIONAL PARA A EFETIVAÇÃO DOS DIREITOS HUMANOS NA CONTEMPORANEIDADE, 4., 29-30 nov. 2022, Petrópolis. Anais [...]. Petrópolis: Universidade Católica de Petrópolis, 2022. Disponível em: https://ucp.br/wp-content/uploads/2022/04/Anais-SEMINARIO-INTERINSTITUCIONAL-E-INTERNACIONAL-PARA-A-EFETIVACAO-DOS-DIREITOS-HUMANOS-NA-CONTEMPORANEIDADE.pdf. Acesso em: 9 ago. 2023.

MANCHINI, Alex; ZEIFERT, Anna Paula Bagetti; CENCI Daniel Rubens. A justiça social e a Agenda 2030: políticas de desenvolvimento para a construção de sociedades justas e inclusivas. *Revista Direitos Sociais e Políticas Públicas do Centro Universitário de Bebedouro*, Bebedouro, SP, v. 8, n. 2, p. 30-52, maio/ago. 2020.

MBEMBE, Achille. *Necropolítica*. 3. ed. São Paulo: N1-Edições. 2018. Disponível em: https://www.procomum.org/wp-content/uploads/2019/04/necropolitica.pdf. Acesso em: 24 ago. 2023.

MEIRELLES, Hely Lopes. *Direito Administrativo Brasileiro*. 30. ed. São Paulo: Malheiros, 2005.

MOREIRA, Adilson José. *Tratado de Direito Antidiscriminatório*. São Paulo: Contracorrente, 2020.

MOTTA, Carlos Pinto Coelho. *Eficácia nas licitações e contratos*. 8. ed. Belo Horizonte: Del Rey, 2001.

NIEBUHR, Joel de Menezes. Crítica à utilização das licitações públicas como instrumento de políticas públicas. *Direito do Estado*, 26 ago. 2016. Disponível em: http://www.direitodoestado.com.br/colunistas/joel-de-menezes-niebuhr/critica-a utilizacao-das-licitacoes-publicas-como-instrumento-de-politicas-publicas. Acesso em: 24 jul. 2022.

OLIVEIRA, Rafael Carvalho Rezende. *Curso de Direito Administrativo*. 5. ed. Rio de Janeiro: Forense, 2017.

OLIVEIRA, Rafael Carvalho Rezende. *Princípios do Direito Administrativo*. Rio de Janeiro: Lumen Juris, 2011.

ORGANIZAÇÃO DAS NAÇÕES UNIDAS. *Os objetivos de desenvolvimento sustentável no Brasil*. 2022. Disponível em: https://brasil.un.org/pt-br/sdgs. Acesso em: 16 ago. 2023.

PARLAMENTO EUROPEU. *Diretiva 2014/24/UE de 26 de fevereiro de 2014*. Relativa aos contratos públicos e que revoga a Diretiva 2004/18/CE. Bruxelas: Jornal Oficial da União Europeia, 28 mar. 2014. p. 94/65. Disponível em: https://eur-lex.europa.eu/legal-content/PT/TXT/?uri=celex%3A32014L0024. Acesso em: 16 ago. 2023.

PEREIRA JUNIOR, Jessé Torres. Desenvolvimento sustentável: a nova cláusula geral das contratações públicas. *Revista Interesse Público*, Belo Horizonte, n. 67, ano 13, maio/jun. 2011. Disponível em: http://www.bidforum.com.br/bid/PDI0006.aspx?pdiCntd=73648. Acesso em: 30 abr. 2022.

PEREIRA JÚNIOR, Jessé Torres; DOTTI, Marinês Restelatto. A responsabilidade dos fiscais da execução do contrato administrativo. *Fórum de Contratação e Gestão Pública*, Belo Horizonte, v. 10, n. 120, p. 9-26, dez. 2011. Disponível em: http://dspace/xmlui/bitstream/item/3431/PDIexibepdf.pdf?sequence=1.Disponível em: http://bidforum2013/bid/Default.aspx. Acesso em: 22 dez. 2022.

PIOVESAN, Flávia. Ações afirmativas no Brasil: desafios e perspectivas. *Estudos Feministas*, Florianópolis, 16(3): 424, p. 887-896, set./dez. 2008. Disponível em: https://periodicos.ufsc.br/index.php/ref/article/view/S0104-026X2008000300010/9142. Acesso em: 2 jan. 2023.

PULCINELLI, Eliana. *STF como indutor da mudança no Constitucionalismo de Transformação.* Curitiba: Juruá, 2016.

RAWLS. John. *Uma teoria da justiça*. 4. ed. São Paulo: Martins Fontes, 2016.

REIS, Luciano Elias. *Compras públicas inovadoras*: o desenvolvimento científico, tecnológico e inovativo como perspectiva do desenvolvimento nacional sustentável de acordo com a Nova Lei de Licitações e o Marco Regulatório das Startups. Belo Horizonte: Fórum, 2022.

RIBEIRO, Darcy. *O povo brasileiro*: a formação e o sentido do Brasil. 4. ed. São Paulo: Global, 2022.

RUA, Maria das Graças. *Políticas Públicas*. Florianópolis: Departamento de Ciências da Administração da Universidade Federal de Santa Catarina; [Brasília]: CAPES Universidade Aberta do Brasil, 2009. Disponível em: https://acervo.cead.ufv.br/conteudo/pdf/Apostila%20-%20Pol%C3%ADticas%20P%C3%BAblicas%20Maria%20das%20Gra%C3%A7as%20Rua%202009.pdf?dl=0. Acesso em: 22 ago. 2023.

SACHS, Ignacy. Estratégias de transição para o século XXI. *In*: BURSZTYN, Marcel. *Para pensar o desenvolvimento sustentável*. São Paulo: Brasiliense, 1993.

SANDEL, Michael Joseph. *A tirania do mérito:* o que aconteceu com o bem comum. Tradução de Bhuvi Libanio. 5. ed. Rio de Janeiro: Civilização Brasileira, 2021.

SANTOS, Boaventura de Sousa. Boaventura: a esquerda sem imaginação. *Outras palavras*, 24 ago. 2017. Disponível em: https://outraspalavras.net/outrapolitica/boaventura-a-esquerda-sem-imaginacao/. Acesso em: 21 dez. 2022.

SARMENTO, Daniel. *A ponderação de interesses na Constituição Federal*. Rio de Janeiro: Lumen Juris, 2002.

SARMENTO, Daniel. Ubiquidade constitucional: os dois lados da moeda. *In:* SARMENTO, Daniel. *Livres e iguais:* estudos de Direito Constitucional. Rio de Janeiro: Lumen Juris, 2006.

SCHWARCZ, Lilia Moritz. *Sobre o autoritarismo brasileiro*. São Paulo: Companhia das Letras, 2019.

SOUTO, Marcos Juruena Villela. Função Regulatória. *Revista Eletrônica de Direito Administrativo*, Salvador, n. 13, fev./mar./abr. 2008. Disponível em: http://www.direitodoestado.com.br/codrevista.asp?cod=259. Acesso em: 30 jul. 2022.

SOWELL, Thomas. *Ação afirmativa ao redor do mundo*. Tradução Joubert de Oliveira Brízida. São Paulo: É Realizações, 2016.

STROPPA, Christianne de Carvalho. *As micro e pequenas empresas (MPEs) e a função social da licitação*. 2013. Dissertação (Mestrado em Direito) – Pontifícia Universidade Católica de São Paulo, São Paulo, 2013. Disponível em: https://tede2.pucsp.br/bitstream/handle/6254/1/Christianne%20de%20Carvalho%20Stroppa.pdf. Acesso em: 18 mar. 2022.

TORRES, Ronny Charles Lopes de. Contratos administrativos e cotas para mão de obra oriunda ou egressa do sistema prisional. *Revista Jus Navigandi*, Teresina, ano 24, n. 5804, 23 maio 2019. Disponível em: https://jus.com.br/artigos/70187/contratos-administrativos-e-cotas-para-mao-de-obra-oriunda-ou-egressa-do-sistema-prisional. Acesso em: 28 dez. 2022.

TORRES, Ronny Charles Lopes de. *Leis de licitações públicas comentadas*. 12. ed. Salvador: JusPodivm, 2021.

TOURINHO, Rita. Ações afirmativas nas licitações públicas: o alcance da sustentabilidade social. *Revista do Ministério Público do Rio de Janeiro*, Rio de Janeiro, n. 51, jan./mar. 2014. Disponível em: http://www.mprj.mp.br/documents/20184/2554325/Rita_Tourinho.pdf. Acesso em: 5 dez 2022.

UNIÃO EUROPEIA. *Diretiva 2014/24/UE do Parlamento Europeu e do Conselho, de 26 de fevereiro de 2014*. Relativa aos contratos públicos e revoga a Diretiva 2004/18/CE. Disponível em: https://www.contratacaopublica.com.pt/xms/files/Legislacao/Comunitaria/Diretiva_Classica_2014_24.pdf. Acesso em: 10 out. 2022.

VIEIRA, Oscar Vilhena. *A Constituição e sua reserva de justiça*: um ensaio sobre os limites materiais do poder de reforma. São Paulo: Malheiros, 1999.

Esta obra foi composta em fonte Palatino Linotype, corpo 10
e impressa em papel Pólen Bold 70g (miolo) e Supremo 250g
(capa) pela Formato Artes Gráficas.